D1100007

Dr Pierre NYS

ET SI C'ÉTAIT LA THYROÏDE ?

•MARABOUT•

Du même auteur chez Marabout :

- *DHEA, mode d'emploi* (poche n° 2873) (avec A. Dufour)
- *Maigrir selon son profil hormonal* (poche n° 2865)

SOMMAIRE

Avant-propos 7

PREMIÈRE PARTIE
À la découverte de la glande thyroïde
Qu'est-ce que la thyroïde ? 11
Une glande mal connue 14
Une glande sujette aux dérèglements 20
L'iode et la thyroïde 28
Les ennemis de la thyroïde 37
Les médicaments susceptibles de dérégler
la glande thyroïde 40

DEUXIÈME PARTIE
Quand la thyroïde va mal
Goitre, kystes, nodules :
ces grosseurs qui font peur 45
La question du cancer thyroïdien 56
Les dérèglements de la fonction thyroïdienne 74
L'hyperthyroïdie 76
L'hypothyroïdie 97
Vous avez dit thyroïdite ? 114

TROISIÈME PARTIE
C'est grave, docteur ?
Tous les examens pour faire le point

Quels examens pour quels symptômes ? 123
Les dosages sanguins 124
Les examens radiologiques 131
La cytoponction thyroïdienne 138

QUATRIÈME PARTIE
Soigner et protéger sa glande thyroïde

L'alimentation 143
La gestion du stress 146
Le tabac et autres polluants 152
Les médicaments 159
La chirurgie 161
La grossesse : un cas particulier 163

En guise de conclusion 169

ANNEXES
- Le syndrome de résistance aux hormones
  thyroïdiennes 171
- L'hypothyroïdie néonatale 173
- Les dérèglements thyroïdiens
  chez les personnes âgées 175
- Les interactions médicamenteuses sur la
  fonction thyroïdienne 177
- Maigrir par les hormones thyroïdiennes ? 179

Glossaire 181

AVANT-PROPOS

Ces derniers temps, ce n'est pas la grande forme. Vous vous sentez fatigué, déprimé, vous avez des difficultés à vous concentrer, ou bien, au contraire, vous êtes stressé, irritable et souffrez parfois d'insomnie… Vous accusez la météo, les virus qui traînent, votre travail… Et si la cause de tous ces maux résidait tout simplement… dans votre thyroïde ? Ce n'est sans doute pas la première fois que vous entendez ce mot. Depuis l'accident nucléaire de Tchernobyl, le 26 avril 1986, la presse médicale ne cesse d'évoquer son rôle prédominant dans l'organisme et les maladies que provoque son dysfonctionnement. On y pense rarement, mais cette petite glande située à la base du cou peut vous en faire voir de toutes les couleurs !

Si le nombre de cas de dérèglement thyroïdien est souvent sous-estimé, c'est que les symptômes en sont très variés. Si vous prenez quelques kilos, si vous avez quelques trous de mémoire, si vous vous sentez las, il y a peu de chance pour que vous mettiez aussitôt votre thyroïde au banc des accusés. Une étude scientifique publiée en l'an 2000 montre que, dans le Colorado, sur 25 862 personnes examinées, 9,5 % souffraient d'une augmentation de la sécrétion de TSH, l'hormone de régulation de la thyroïde. C'est le symptôme d'une maladie : l'hypothyroïdie, à laquelle nous consacrons un chapitre de ce livre (voir p. 97). En quelques mots, votre glande thyroïde est déréglée et ne sécrète pas assez d'hormones par elle-même. Cet article souligne également une augmentation des taux de cholestérol dans le sang, un effet délétère des hypothyroïdies, même débutantes. Pour 2,2 % de ces mêmes personnes, la sécrétion de TSH est purement et simplement… nulle !

Dans le monde, 200 millions de personnes, en majorité des femmes, souffrent de maladies thyroïdiennes, parfois sans le savoir. C'est pourquoi il est important de les connaître et d'apprendre à les repérer – d'autant qu'il existe aujourd'hui des traitements très efficaces.

Véritable petit chef d'orchestre, la glande thyroïde joue un rôle essentiel dans la « régulation » de l'organisme : le métabolisme (comme celui du cholestérol par exemple…), la croissance, le développement cérébral chez le fœtus et le jeune enfant. On comprend que son dérèglement conduise à de nombreux troubles : problèmes de poids, sautes d'humeur, palpitations, troubles digestifs, fatigue…

Quelles sont les maladies thyroïdiennes ? Comment les dépister, les traiter et, surtout, existe-t-il des moyens efficaces pour les éviter ? Autant de questions cruciales auxquelles nous nous efforcerons de répondre au fil des pages. Mais, avant toute chose, découvrons ce qu'est la thyroïde.

PREMIÈRE PARTIE

À LA DÉCOUVERTE
DE LA GLANDE THYROÏDE

Qu'est-ce que la thyroïde ?

Le mot « thyroïde » vient du grec *thuroeidês*, qui signifie « bouclier ». Les premiers anatomistes l'ont ainsi nommée en raison de son emplacement particulier, à la base du cou, en avant de la trachée-artère (conduit aérien) et de l'œsophage (conduit digestif). Elle semble en effet les protéger.

La thyroïde est située à fleur de peau, ce qui explique que de petites déformations, telles que les nodules (« boules » plus ou moins volumineuses) ou les goitres (augmentation de volume de toute ou d'une partie de la glande), soient rapidement visibles. Cette situation

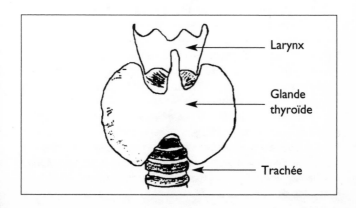

anatomique permet au médecin de l'examiner facilement et autorise le chirurgien à l'explorer aisément après avoir incisé la peau.

La thyroïde est fixée au cartilage thyroïde qui dessine la pomme d'Adam chez l'homme. C'est la raison pour laquelle, lorsqu'on déglutit, on perçoit des mouvements de montée et de descente.

Cette glande « endocrine », organe unique, médian, évoque grossièrement la forme d'un papillon. Les deux ailes épaisses, sur les côtés du cou, encerclent partiellement la trachée ; ce sont les « lobes » de la thyroïde. Au contact de la trachée, la partie centrale qui les relie est appelée « isthme ». Celui-ci peut être surmonté d'une partie charnue, dite « pyramide de Lalouette ».

L'EXAMEN DE LA GLANDE THYROÏDE

Il débute par une observation attentive du cou pour déceler si la peau est quelque peu déformée et si l'on aperçoit le dessin marqué d'une glande trop grosse.

Pour la seconde partie de l'examen, vous êtes assis(e) sur une chaise, les bras ballants, sans contracter les muscles du cou, la tête droite. Le médecin se place derrière vous, puis, à l'aide de ses deux mains, explore en même temps les deux lobes thyroïdiens et l'isthme, pour évaluer leur forme, leur consistance, leur sensibilité, leur mobilité correcte lors de la déglutition et la présence éventuelle d'une grosseur anormale. Il vous demande ensuite de tourner la tête d'un côté, puis de l'autre, pour dégager successivement les deux lobes de la glande ; la palpation s'en trouvera grandement simplifiée. En fin d'examen, le médecin recherche des ganglions lymphatiques dans les parties latérales du cou.

La glande mesure environ 4 cm de hauteur sur 2 cm de largeur et pèse une vingtaine de grammes.

En arrière, enchâssées dans la glande, se trouvent quatre glandes parathyroïdes, qui ont pour fonction de régulariser le taux de calcium dans le sang.

Sur la face postérieure de la thyroïde courent les nerfs récurrents, chargés – comme leur nom l'indique – de l'innervation et donc de la mobilité des cordes vocales. Cela rend encore plus délicates les interventions chirurgicales.

VOLUME THYROÏDIEN SELON L'ÂGE

Enfants jusqu'à 15 ans : < 8 cm^3

Adultes jusqu'à 50 ans : de 8 à 15 cm^3

Adultes de plus de 50 ans : < 8 cm^3

Des chiffres supérieurs à ces valeurs définissent le goitre. Des chiffres inférieurs correspondent à une atrophie.

UNE GLANDE MAL CONNUE

La thyroïde sécrète des hormones essentielles pour notre organisme car elles régularisent l'ensemble de ses fonctions.

La glande fabrique ces hormones à partir de l'iode alimentaire. Si les apports en iode sont insuffisants ou trop abondants, la machine se dérègle.

La glande thyroïde est la principale réserve en iode de l'organisme : elle stocke environ 20 % de l'iode total du corps. Les deux principales hormones sont la T3, également appelée « triiodothyronine », et la T4, la « thyroxine ». Pourquoi T3 et T4 ? Tout simplement parce qu'elles contiennent respectivement trois et quatre molécules d'iode.

La production de T3 et de T4 est régulée par d'autres glandes endocrines, l'hypophyse et l'hypothalamus. L'hypophyse, située à la base du cerveau, sécrète la TSH, ou « thyréostimuline », qui stimule la fabrication des hormones par la glande thyroïde. L'hypothalamus, quant à lui, « supervise » ces sécrétions par le TRH (Thyroid Realising Hormon).

QU'EST-CE QU'UNE HORMONE ?

Une hormone est une substance fabriquée par des cellules particulières, généralement regroupées au sein d'un organe : la glande. Les glandes responsables de la fabrication des hormones sont dites « endocrines » car elles déversent leurs sécrétions dans le sang. À l'inverse, il existe des glandes « exocrines ».

Schématiquement, les hormones jouent le rôle de messagers chimiques. Ces « informateurs », actifs à faibles doses, sont transportés dans le sang jusqu'aux cellules auxquelles ils délivrent leur « message ». Celles-ci libèrent leurs sécrétions hors du corps (glandes sudoripares pour la transpiration) ou dans une cavité (par exemple, le tube digestif). L'hormone n'a qu'une mission : exercer ses effets sur les « tissus cibles », c'est-à-dire sur des cellules distantes du lieu de production. Pour cela, elle se fixe sur un récepteur spécifique de la cellule. Il est classique de comparer le récepteur à la serrure et l'hormone à la clé correspondante. Lorsque la clé pénètre dans la serrure, elle déclenche une série de réactions dans la cellule. Ces récepteurs peuvent présenter un certain nombre d'anomalies avant ou après la fixation de l'hormone sur son récepteur, entravant ainsi l'activité normale de l'hormone.

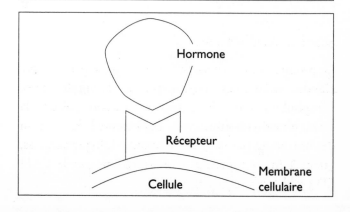

Conséquence logique : si la glande thyroïde fonctionne mal, l'hypothalamus et l'hypophyse augmentent leurs sécrétions de TRH et de TSH pour stimuler la synthèse hormonale thyroïdienne. À l'inverse, un excès de fabrication des hormones thyroïdiennes par une glande thyroïde « emballée » conduira à la mise au repos de l'hypophyse et de l'hypothalamus… Elles se retrouveront en chômage technique !

Autrefois, pour juger du bon fonctionnement glandulaire, on ne pouvait qu'évaluer les effets périphériques (métabolisme de base, réflexogramme achilléen) des hormones thyroïdiennes. Aujourd'hui, il est tout à fait possible de doser ces hormones dans le sang avec des techniques à un coût raisonnable (environ 19,82 € par type d'hormone). On peut même évaluer la réserve hypophysaire en TSH en stimulant directement l'hypophyse par l'injection de TRH, ce qui se révèle très utile pour évaluer de minimes dérèglements glandulaires. On n'arrête pas le progrès !

LES MÉTABOLISMES

Les hormones thyroïdiennes interviennent sur la production de chaleur en jouant sur le *métabolisme de base* (ce que l'organisme brûle lorsqu'il est au repos). Plus le taux d'hormones thyroïdiennes est bas, plus le métabolisme de base se ralentit. À l'inverse, ce métabolisme s'accélère en cas d'excès d'hormones thyroïdiennes.

On a ainsi observé une étroite relation entre thyroïde et température. Lors d'une exposition prolongée au froid, le volume thyroïdien augmente. Chez les personnes

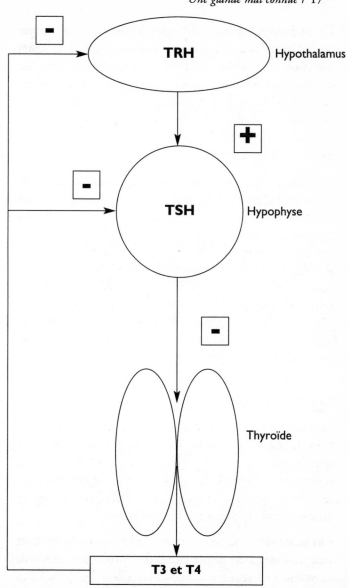

travaillant aux pôles, on a constaté une élévation signi-
ficative du taux sanguin de TSH, comme pour stimuler
la glande.

Les hormones thyroïdiennes interviennent en outre sur
le *métabolisme des graisses*. Si vous avez moins d'hormones thyroïdiennes dans le sang, votre taux de
cholestérol augmentera, essentiellement dans sa forme
LDL, c'est-à-dire le mauvais cholestérol qui se dépose
sur les parois des artères pour les obstruer. Au contraire,
l'excès d'hormones thyroïdiennes fait chuter le taux de
cholestérol.

Les hormones thyroïdiennes interviennent aussi sur le
métabolisme du sucre. Les hyperthyroïdies et les hypothyroïdies, deux dérèglements de la thyroïde,
s'accompagnent d'anomalies du *métabolisme du sucre*
qui apparaissent lors d'examens poussés. En revanche,
chez les personnes déjà diabétiques, les dérèglements
thyroïdiens, en particulier en cas d'hyperthyroïdie,
s'accompagnent de déséquilibres du diabète. Une
hyperthyroïdie sévère peut aussi provoquer un diabète
chez une personne prédisposée.

Les hormones thyroïdiennes interviennent enfin sur le
métabolisme des protéines. Toutefois, si les hormones
thyroïdiennes sont responsables d'une augmentation de
la synthèse des protéines, elles accélèrent surtout leur
destruction. Les hyperthyroïdiens voient leurs muscles
« fondre », tandis que les hypothyroïdiens ont des
muscles de volume normal, voire augmenté. Cependant, l'efficacité musculaire est réduite en raison de
troubles de la contraction des muscles.

LES ORGANES CONCERNÉS

Notre peau, nos os, notre cœur, notre cerveau… Rien n'échappe à l'influence des hormones thyroïdiennes.

La *peau* se modifie sous leur influence ; si elles viennent à manquer, elle s'épaissit et devient froide.

Les hormones thyroïdiennes exercent aussi une régulation sur l'*ossification* et favorisent la maturation des cartilages de croissance. Ainsi, chez l'enfant, une carence hormonale ralentit l'apparition des points d'ossification, alors qu'un excès hormonal l'accélère. Chez l'adulte, les hormones thyroïdiennes jouent un rôle sur le renouvellement osseux. Ce dernier se ralentit en cas de carence en hormones, et s'accélère en cas d'excès. Les hyperthyroïdiens dont la maladie évolue depuis longtemps risquent une ostéoporose.

Quant au *cœur*, lui aussi est régulé en partie par les hormones thyroïdiennes. La fréquence des battements cardiaques augmente si elles sont en excès et diminue dans le cas contraire.

Le *cerveau* est également soumis aux influences des hormones thyroïdiennes, et ce bien avant la naissance. Elles sont indispensables au bon développement cérébral des enfants avant et après la naissance.

Le champ d'action des hormones thyroïdiennes est donc très vaste : il touche pratiquement tous les organes essentiels !

Une glande sujette aux dérèglements

Votre mère avait-elle un goitre ?

La prédisposition génétique d'un individu conditionne le plus souvent l'apparition d'une maladie thyroïdienne. Malheureusement, il n'est pas rare que l'on ignore ses antécédents familiaux, et ce d'autant plus que nombre de personnes atteintes de maladies thyroïdiennes n'en souffrent pas. Leur découverte, en particulier s'il s'agit de nodule, est souvent le fait du hasard, à l'occasion d'un examen de routine. Pour tout compliquer, il arrive parfois qu'une personne porteuse des traits génétiques qui favorisent la maladie ne l'ait pas elle-même développée. Elle les transmettra pourtant à sa descendance qui, elle, exprimera peut-être la maladie.

Tchernobyl aux frontières…

Le 26 avril 1986, la centrale nucléaire de Tchernobyl explose, formant dans l'atmosphère un immense nuage chargé de particules hautement radioactives, poussé par le vent pendant une dizaine de jours. La puissance de l'explosion est 90 fois supérieure à celle d'Hiroshima et dissémine 7 000 fois plus de particules radioactives. Les autorités soviétiques ne prennent pas immédiatement conscience de l'ampleur du désastre. Il leur faut trois jours pour informer la communauté internationale, alors que les pays voisins ont déjà enregistré dans leur atmosphère une élévation anormale du taux de radio-activité. Quant aux populations ukrainiennes, nullement informées, elles ne sont évacuées que plusieurs jours après la catastrophe, dans des conditions discutables. Des comprimés d'iode stable leur sont tout de même distribués afin de protéger leur thyroïde et réduire la fixation de l'iode radioactif… mais trop tard. En effet, pour que la prise de l'iode stable soit efficace, elle doit être immédiate, ou intervenir au plus tard 36 heures après la contamination. Si la protection par l'iode stable est quasi absolue lorsqu'il est administré dans les 6 heures qui précèdent l'explosion (encore faudrait-il prévoir qu'une catastrophe s'annonce !), elle n'est plus efficace 1 heure après que dans 90 % des cas, 2 heures après que dans 80 % des cas, 5 heures après que dans 50 % des cas. Il faut donc agir vite. Une fois l'iode radioactif fixé dans la glande thyroïde, il n'y a aucun moyen de le déloger.

Les rejets radioactifs atteignent la Scandinavie et la Pologne en moins de 48 heures. Les premiers à s'inquiéter sont les Suédois, qui voient les particules radioactives rabattues sur leur sol par un front pluvieux.

Le 27 avril, le nuage survole l'Autriche, la Suisse, l'Allemagne, l'Italie et la France. Dans notre pays, il est également rabattu par une zone de pluie.

Dès cette date, les autorités suédoises relèvent des taux anormaux de radioactivité. Redoutant une fuite nucléaire, ils ordonnent même l'évacuation d'une de leurs centrales.

La communauté internationale s'émeut, déplorant le défaut d'information des autorités soviétiques. Il faut agir ! Dans de nombreux pays, des mesures préventives sont prises, au moins sur le plan alimentaire : interdiction de consommer du lait et de l'eau de pluie, surveillance des légumes et des animaux dans les secteurs contaminés, distribution de pastilles d'iode stable en priorité aux enfants et aux femmes enceintes.

Mais en France, aucune alarme : aurions-nous été miraculeusement épargnés par le nuage, stoppé net au poste-frontière ? Encore un exploit des douanes hexagonales ! Avec un aplomb extraordinaire, les autorités de l'époque nient tout bonnement que le nuage ait survolé le pays, ou tout du moins minimisent ses effets. L'intensité de la radioactivité relevée par les autorités de tutelle est estimée négligeable, alors qu'elle correspond à des taux très anormaux pour nos pays voisins. Le Service central de la protection contre les radiations ionisantes indique même qu'aucune élévation de la radioactivité n'a été enregistrée sur le territoire français ! Curieusement, cette rassurante vérité cesse de l'être plusieurs jours après l'explosion… mais on continue d'affirmer qu'il n'y a aucun danger. Pour se justifier, certains argumenteront par la suite que, dans un pays où la production électrique est assurée en grande majorité par l'énergie atomique, et qui compte le plus grand nombre de centrales nucléaires après les États-Unis, il ne fallait surtout pas affoler les populations.

Ainsi, alors que des mesures préventives sont aussitôt prises en Allemagne, en Italie, en Suisse, aux Pays-Bas, en Grande-Bretagne ou en Grèce, la France se distingue par son attentisme, bien que la pluie ait précipité la radioactivité sur une partie des sols. De ce fait, beaucoup estiment aujourd'hui que, en Europe de l'Ouest, notre pays sera à terme le plus touché par les retombées de l'accident de Tchernobyl. De nombreuses années après, voilà qui ne peut manquer de nous émouvoir et de nous révolter. Une commission d'enquête s'est d'ailleurs ouverte en 2001 pour tenter d'évaluer les conséquences réelles de la catastrophe. Il reste à espérer qu'elle fera preuve de la transparence qui a bien cruellement fait défaut aux politiques de l'époque.

LES VILLES LES PLUS TOUCHÉES PAR LA RADIOACTIVITÉ EN 1986	
Bas-Rhin (67)	Strasbourg, Schiltigheim
Haut-Rhin (68)	Linthal, Durménach, Lutterbach
Jura (39)	Clairvaux-les-Lacs, Champagnole
Ain (01)	Malafrelaz, Attignat
Drôme (26)	Félines
Hautes-Alpes (05)	Salerans, Veynes
Alpes-de-Haute-Provence (04)	Melan, Mison
Alpes-Maritimes (06)	Saorge
Corse du Sud (2A)	Ghisonaccia, Vallica, Castirla.

(Sources : CRII-RAD.)

Contrairement à certaines sources officielles qui ont minimisé l'ampleur de l'irradiation, la CRII-RAD (Commission de recherche et d'information indépendante sur la radioactivité) a publié après l'accident des chiffres assez alarmants concernant de nombreuses villes françaises, surtout dans l'est, le sud-est et la Corse – le Centre ayant été relativement épargné (les taux y sont 7 fois moins importants) du fait de précipitations moins abondantes au moment du passage du nuage.

Le nuage radioactif est essentiellement composé d'iode 131. Absorbé par l'organisme, il s'élimine rapidement dans les urines, mais une partie se fixe directement dans la glande thyroïde, qui ne le distingue pas de l'iode stable. Là, son élimination est très lente ; il peut alors provoquer diverses pathologies.

Cette irradiation forcée de la thyroïde est évidemment dangereuse. À très fortes doses, elle est responsable de développement de cancers ; à moindres doses, de l'apparition de goitres et autres nodules.

L'irradiation d'un individu exposé dépend de plusieurs facteurs :

– intensité de l'irradiation ;

– masse de la thyroïde (celle d'un enfant, plus petite, sera plus exposée) ;

– charge thyroïdienne en iode : s'il n'a aucune carence et si l'irradiation a été faible, sa glande thyroïde a pu ne pas capter l'iode radioactif. En revanche, chez un individu carencé en iode, la glande thyroïde a certainement absorbé beaucoup d'iode radioactif dans les régions concernées.

Toutefois, il n'est pas simple d'évaluer l'incidence de l'irradiation de Tchernobyl dans nos contrées. Les maladies susceptibles d'en découler ne se manifestent que tardivement – de 5 à 30 ans après, en fonction de l'état thyroïdien avant l'irradiation et de la dose d'irradiation. De plus, la tenue de registres de cancers thyroïdiens chez les enfants est d'initiative relativement récente. Le plus ancien, ouvert en 1983, est lorrain. Mais on sait que certains registres plus anciens et recouvrant toute la population, tel celui de Champagne-Ardenne, montrent une augmentation des cas de cancer de la thyroïde depuis la catastrophe : incidence multipliée par 2 chez les hommes, en augmentation de 30 % chez les femmes et multipliée par 30 chez les enfants.

Les enfants sont les plus exposés aux effets mutagènes de l'irradiation. La faible masse de leur thyroïde et l'importance de la captation de l'iode entraînent une irradiation plus forte que chez l'adulte : environ 8 fois plus importante à 1 an et 4 fois plus à 5 ans. Dans le ventre de sa mère, le fœtus, lui aussi, est sensible à la contamination à partir du troisième mois de grossesse.

De même, les femmes sont de 2 à 4 fois plus exposées que les hommes, probablement pour des raisons hormonales spécifiques.

L'augmentation du nombre de cancers thyroïdiens chez les enfants d'Ukraine et de Belarus est apparue très rapidement. Dès 1994, une centaine d'enfants, dont plus de 80 résidant à environ 3 kilomètres de la centrale (à Prypiat), ont développé des cancers thyroïdiens. Ces enfants avaient en général moins de 5 ans au moment de l'explosion du réacteur nucléaire. Il faut ici rappeler que l'évacuation des populations concernées au moment du drame a été tardive : environ 36 heures après à Prypiat. Dans cette même ville, l'administration préventive d'iode stable, qui permet de saturer la glande et d'éviter son irradiation, a semble-t-il été partielle et retardée. En outre, elle n'aurait concerné que 60 % des enfants le premier jour. Enfin, il apparaît que ces populations vivaient dans un état chronique de carence en iode. La supplémentation en iode, autrefois pratiquée, aurait été suspendue depuis le début des années 80.

Pourtant, la prévention est simple. En cas d'irradiation, elle consiste à saturer la glande d'iode stable pour l'empêcher de fixer l'iode radioactif. Pour cela, il suffit de prendre de l'iode (en ampoules ou en comprimés) dans les délais que nous avons indiqués, à raison de 100 mg pour un adulte, 50 mg pour un enfant de moins de 13 ans et 25 mg en dessous de 8 ans. Il convient également de supprimer les aliments susceptibles d'avoir été contaminés : tous les végétaux, ainsi que le lait de vache et ses dérivés, les animaux ayant pu brouter de l'herbe contaminée.

D'autres accidents liés à des retombées nucléaires ont été observés par le passé. En mars 1954, au cours d'un essai thermonucléaire, les habitants des îles Marshall, dans le Pacifique, ont été exposés à une forte irradiation. Certains ont présenté des troubles digestifs, sanguins et des brûlures cutanées.

Ces signes ont régressé en quelques semaines. En revanche, les manifestations à long terme, essentiellement thyroïdiennes, ont mis plusieurs années à se manifester. Des cas d'hypothyroïdie, essentiellement chez les enfants, sont apparus 8 à 10 ans après l'accident.

Par ailleurs, sur environ 250 sujets exposés, 46 ont développé des nodules thyroïdiens et 7 un cancer thyroïdien. Dans ce dernier cas, il s'agissait de formes de cancer peu agressives, mais qui soulignent la nécessité de surveiller pendant de longues années les personnes soumises à des irradiations accidentelles. Cependant, à la différence de Tchernobyl, les populations concernées ne présentaient pas de carences.

TCHERNOBYL, CANCER THYROÏDIEN ET « RÉPARATION JURIDIQUE »

En France, quatorze ans après l'accident nucléaire de Tchernobyl, une victime d'un cancer thyroïdien a porté plainte à l'encontre des ministres en poste à l'époque des faits. Ils sont mis en cause pour « blessures involontaires ayant entraîné une incapacité de travail personnel supérieure à trois mois ». Certains juges ont accepté cette requête, estimant que la France aurait été un des rares pays européens à ne pas prendre les mesures de protection nécessaires.

Depuis, des associations œuvrent pour la reconnaissance de l'accident de Tchernobyl dans le déclenchement de cancers thyroïdiens.

Mais la difficulté sera de prouver le « lien de causalité », c'est-à-dire la responsabilité réelle de l'accident nucléaire de 1986 dans l'apparition de cancers.

Le délai de survenue de ces cancers est caractéristique : s'il est parfois très court (environ trois ans en cas de très forte irradiation), il est habituellement long pour présenter un pic entre 15 et 25 ans. Il n'existe pas de délai maximum connu pour les cas tardifs.

Les cancers induits sont habituellement de type papillaire, donc de bon pronostic s'ils sont traités à temps.

Avant de vous lancer dans la bataille juridique, assurez-vous cependant que vous avez quelque chance d'aboutir.

L'IODE ET LA THYROÏDE

L'iode est un élément « trace » présent à raison d'environ 15 mg chez l'adulte de 70 kg. Cette quantité – l'équivalent d'une cuillère à café – est suffisante pour la vie entière. Cependant, l'organisme ne peut en stocker de grandes quantités. Il est donc nécessaire de bénéficier de minimes apports réguliers.

Lorsqu'il quitte le sang (plus exactement le plasma), l'iode est soit capté par la thyroïde (20 %), soit éliminé par les reins (80 %).

Le dosage de l'iode dans les urines de 24 heures reflète les apports en iode alimentaire ou ceux apportés par les médications riches en iode.

L'alimentation est l'unique source d'iode pour l'organisme. Si l'apport iodé alimentaire est insuffisant, on parle de carence. Cette situation s'observe dans de nombreux pays, aussi bien dans les régions de montagne que dans les plaines ou les bords de mer.

LES CARENCES EN IODE

Comme nous l'avons vu, une carence en iode survient lorsque les apports alimentaires en iode sont insuffisants.

Signalons en outre que la consommation régulière de végétaux dits « goitrigènes », tels le manioc, le sorgho ou les patates douces, peut révéler ou accentuer une carence d'apport en iode préexistante. Ces composés libèrent en effet des « thiocyanates » qui empêchent la captation d'iode.

Chez l'adulte, la carence se traduit au début par l'apparition d'un goitre, c'est-à-dire une augmentation de volume de la glande thyroïde. À long terme peuvent se constituer des nodules, sortes de tuméfactions parfois visibles et palpables. La fréquence des goitres est de 20 % en cas de carence sévère, de 5 à 15 % en cas de carence modérée.

Par ailleurs, la carence en iode peut avoir des conséquences graves sur le développement du fœtus. Chez l'enfant, elle peut être responsable de troubles de développement du système nerveux central et de troubles de la croissance, ce qui semble logique puisque les hormones thyroïdiennes se fabriquent à partir de l'iode. Ces problèmes de croissance sont, par exemple, responsables du « nanisme hypothyroïdien », souvent associé, dans le cas d'atteintes importantes du système nerveux central, à une arriération mentale plus ou moins sévère, ou encore à une surdi-mutité. Du « crétinisme » avéré à une diminution des possibilités d'éducation, on estime à 43 millions le nombre de personnes affectées à un degré ou à un autre par des lésions cérébrales liées aux carences en iode…

On a également constaté que le quotient intellectuel des enfants nés de mères carencées en iode pendant la grossesse était un peu plus faible, même en l'absence d'une hypothyroïdie néonatale. Ne parlait-on pas autrefois de « crétins des Alpes », ces enfants au développement cérébral très défectueux ?

Les catégories de personnes à surveiller sont donc principalement les bébés, les enfants et les femmes enceintes ou allaitant pour qui les besoins sont supérieurs à 200 μg par jour, la carence étant aggravée par la grossesse.

En 1996, l'OMS (Organisation mondiale de la santé) estimait qu'un tiers de la population mondiale souffrait de cette carence, dont 141 000 personnes en Europe. On rencontre également ce problème dans les pays côtiers comme la Belgique ou l'Italie. En Allemagne, on a calculé que cette carence, à l'origine de pathologies thyroïdiennes, a un coût de l'ordre de 1 milliard de dollars par an. En 1995, 750 millions de personnes dans le monde étaient affectées de goitres.

L'OMS a fixé l'apport minimal journalier souhaitable à 100 μg. Un apport d'iode inférieur à 25 μg/j entraîne presque systématiquement une symptomatologie d'hypothyroïdie.

Apports journaliers recommandés en iode (en μg)	
< 6 mois	35
6 à 12 mois	40
1 an à 10 ans	60 à 100
Adulte	100
Femme enceinte ou allaitant	150 à 200

TENEUR EN IODE DE DIFFÉRENTS ALIMENTS		
		En μg pour 100 g d'aliments frais
Origine végétale	Algues marines	700 000
	Soja	115
	Ail	90
	Oignon	20
	Tubercules	5 à 20
	Légumes verts	5 à 20
	Fruits secs	8 à 10
	Pain	1 à 6
	Fruits oléagineux	2 à 4
	Céréales	1 à 7
	Légumes secs	1 à 2
	Fruits frais	1 à 2
Origine animale	Farines de poisson	100
	Hareng fumé	100
	Crustacés	35 à 90
	Poissons de mer	10 à 40
	Coquillages	5 à 40
	Lait de vache (pour 100 ml)	0,5 à 30
	Œufs (la pièce)	10
	Poisson d'eau douce	3 à 5
	Viande	3

En France, c'est en raison de ces carences en iode dans les régions montagneuses (Alpes, Vosges et Massif central), mais aussi dans d'autres départements, parfois côtiers, qu'il a été décidé d'augmenter la teneur en iode du sel de table à hauteur de 35 mg/kg, et ce en raison de pertes naturelles de 30 % lors des 3 premiers mois de stockage. Les vaches ont elles aussi reçu une alimentation davantage iodée pour que leur lait soit plus riche de cet oligoélément. Cette iodation a été mise en œuvre dans de nombreux pays industrialisés avant les années 60. En France, le sel de consommation courante est enrichi en iodure de potassium ou de sodium à raison de 15 mg/kg. Toutefois, l'apport d'iode reste insuffisant dans de nombreux pays en voie de développement.

L'objectif pour l'an 2000 consiste à ioder correctement 90 % du sel destiné à la consommation, y compris le sel pour les animaux.

Toutefois, rien ne nous empêche de consommer des aliments naturellement riches en iode, tels les fruits de mer, le soja ou les algues marines.

Malgré ces mesures, les apports moyens en iode en France restent insuffisants. Ils devraient être de 100 à 150 μg par jour. Au Japon, aux États-Unis et dans les pays scandinaves, ils avoisinent 200 à 400 μg par jour.

LES TROUBLES DUS À LA CARENCE EN IODE

• **Chez le fœtus :**
– avortements ;
– augmentation de la mortalité périnatale ;

– crétinisme endémique ;
– retard de développement cérébral.

• **Chez le nouveau-né :**
– faible poids de naissance ;
– goitre ;
– hypothyroïdie.

• **Chez l'enfant et l'adolescent :**
– augmentation de la mortalité infantile ;
– goitre ;
– hypothyroïdie congénitale ou acquise ;
– retard de développement physique ou mental.

• **Chez l'adulte :**
– goitre ;
– hypothyroïdies ;
– retard mental ;
– hyperthyroïdie iatrogène (médicaments iodés).

LES SURCHARGES EN IODE

Tout comme les carences, les surcharges en iode peuvent occasionner des dérèglements. Les principales causes de ces surcharges sont iatrogènes ou alimentaires.

Premiers coupables : les aliments « industriels ». Aux États-Unis, la consommation importante de colorants et de conservateurs, riches en iode, est responsable d'apports excessifs compris entre 200 et 500 μg/jour. Les Japonais, grands consommateurs d'algues marines, sont également en surcharge iodée. En France, cet excès peut être lié à la consommation d'aliments supplémentés en iode : flans instantanés, crèmes dessert et autres glaces ou pâtisseries industrielles.

Il arrive que ces surcharges soient dues aux produits de contraste iodés, qui servent par exemple à réaliser certaines radiographies, mais surtout à la prise de médicaments comme l'amiodarone, médicament composé d'iode à 37 %, soit 6 mg par comprimé et par jour. Son utilisation chronique, ainsi que le délai très long de son élimination (parfois supérieur à 1 an), augmentent les risques.

Il ne faut toutefois pas négliger la fréquence des dérèglements thyroïdiens à la suite d'applications d'antiseptiques iodés, par exemple avant une intervention chirurgicale.

On estime cependant que, pour être délétère, la surcharge iodée doit excéder des apports quotidiens supérieurs à 500 μg. De nombreuses médications contenant des quantités infimes d'iode ne peuvent donc en aucun cas dérégler la thyroïde.

Vous trouverez dans le tableau ci-contre une liste de quelques-uns des produits, parmi les plus courants, qui contiennent des taux d'iode supérieurs à 100 μg. La surcharge ne peut alors provenir que de l'accumulation du produit, par exemple si le rein n'est plus capable d'assurer sa tâche d'élimination. Cette liste n'est évidemment pas exhaustive ; en cas de doute, n'hésitez pas à en parler à votre médecin.

La thyroïde est normalement capable de faire face à une augmentation brutale d'iode. Aussi, l'apparition d'un dérèglement hormonal en cas de surcharge doit faire

PRINCIPAUX MÉDICAMENTS RESPONSABLES
DE SURCHARGES IODÉES

Akineton (1 à 2 dragées = 866 μg à 1,7 mg/j).

Anusol (1 suppositoire = 290 μg).

Bétadine (sous toutes ses formes, même en utilisation locale).

Brufen 400 (6 comprimés par jour = 592 μg).

Carbosylane (3 gélules = 2,5 mg/j).

Cardiocalm (1 comprimé = 120 μg – 3 comprimés = 360 μg).

Ceporexine 125 ou 250 (1 sachet = 71 ou 142 μg –
1 à 3 sachets = 142 à 426 μg/j).

Clamoxyl 500 (6 gélules = 3,4 mg/j).

Colchimax (1 comprimé = 14,3 mg).

Cordarone (1 comprimé = 80 mg).

Dafalgan (1 gélule = 1,1 mg).

Dalacine 150 (1 gélule = 866 μg).

Denoral (sous toutes ses formes – 1 comprimé adulte = 256 μg).

Dioparine (1 comprimé = 3 mg).

Ercevit Fort (1 comprimé = 171 μg).

Fungizone (1 cuillerée à café = 855 μg).

Haldol 5 (1 comprimé = 182 μg).

Iodorubinium collyre (1 goutte = 750 μg).

Iodosorb topique (1 sachet = 27 mg).

Keforal 250 (1 cuillerée mesure = 180 μg).

Magnogène (1 comprimé = 36,5 μg – 4 à 6 comprimés par jour
= 146 à 220 μg).

Mantadix (1 gélule = 513 μg).

Negmapen (1 gélule = 959 μg – 4 gélules = 3,8 mg/j).

Nervoxyl (1 comprimé = 30 μg – 7 à 10 comprimés/j = 210 à
300 μg).

Pectigel (1 sachet = 114 μg – 3 sachets = 342 μg).

Prothiaden 25 (1 gélule = 121 μg – 3 gélules = 363 μg/j).

Ricridène (1 gélule = 1,14 mg).

Rifadine (1 gélule = 821 μg).

Tardyféron B9 (1 comprimé = 180 μg – 2 comprimés = 360 μg/j).

Vesadol (1 comprimé = 800 μg).

Vivamyne (1 comprimé = 150 μg).

Valium Sirop (1 cuillerée mesure = 570 μg).

craindre l'existence d'une maladie thyroïdienne préalable, restée jusque-là silencieuse.

Ces surcharges peuvent être responsables d'hyperthyroïdies ou d'hypothyroïdies dont les caractères cliniques sont les mêmes que les dérèglements d'une autre nature.

Les nouveau-nés, en particulier les prématurés, sont très sensibles aux excès d'iode, essentiellement en raison de l'immaturité de leur thyroïde. Ainsi, les hypothyroïdies néonatales sont parfois induites par l'application de produits antiseptiques iodés.

Notons enfin, pour les femmes enceintes, que le placenta se laisse traverser par les excédents d'iode, provoquant alors une hypothyroïdie avec goitre.

FACTEURS FAVORISANT L'APPARITION DE DÉRÈGLEMENTS THYROÏDIENS EN CAS DE SURCHARGE IODÉE	
Pathologie silencieuse	**Manifestations**
Sujet sain	Aucune manifestation (euthyroïdie)
Apports iodés déjà « riches » ; thyroïdite de Hashimoto ; antécédents de chirurgie thyroïdienne	Hypothyroïdie
Goitre par carence en iode ; hyperthyroïdie en rémission ; goitre nodulaire	Hyperthyroïdie
Traitements médicaux (lithium, interféron…)	Hyperthyroïdie, hypothyroïdie ou euthyroïdie

LES ENNEMIS DE LA THYROÏDE

LE STRESS

Les effets du stress sur la fonction thyroïdienne ne sont pas négligeables. S'il peut jouer un rôle dans le déclenchement des maladies thyroïdiennes (a), il a également une influence sur la fonction thyroïdienne (b) – sans nécessairement déclencher un dérèglement à long terme.

a) Il n'est pas rare qu'un stress déclenche une affection thyroïdienne, en particulier une hyperthyroïdie. Cependant, son importance reste propre à chaque individu. La perte d'un animal de compagnie, événement banal pour certains, peut provoquer un véritable orage hormonal chez d'autres.

Quoique ce cas soit plus rare, l'expérience montre que les facteurs de stress sont aussi en cause dans le déclenchement des thyroïdites de Hashimoto, qui s'accompagnent d'une hypothyroïdie.

On sait que le stress tend à affaiblir la fonction immunitaire. Cet effet serait amplifié chez les personnes prédisposées. Leur production d'autoanticorps antithyroïdiens ne serait plus freinée, le système s'emballerait et déclencherait la maladie. L'organisme produit naturellement des autoanticorps. Cette production est maintenue à un niveau bas par le système immunitaire qui, ainsi, s'autorégule. Les auto-anticorps n'ont pas d'effet délétère. Si leur production n'est plus freinée, en particulier en situation de stress, leur quantité augmente et leur effet néfaste peut affecter, entre autres, la fonction thyroïdienne.

b) Le stress modifie également, de façon transitoire, la sécrétion des hormones thyroïdiennes. On a pu observer ces phénomènes à la suite d'interventions chirurgicales ou dans le cas de maladies générales graves. Par exemple, après une intervention chirurgicale, le taux sanguin de T4 diminue, atteignant son minimum vers le troisième jour. De même, la production périphérique de T3, c'est-à-dire sa fabrication à partir de la T4, est réduite. On suppose que ces phénomènes représentent des mécanismes adaptatifs.

Dans les affections psychiatriques graves, les taux sanguins de TSH sont bas. Si l'on est amené à réaliser des tests plus complexes, on constate que la réserve hypophysaire en TSH est réduite (test au TRH).

Cependant, il faut reconnaître que l'impact des « petits stress quotidiens » est fort mal connu, même si des dérèglements thyroïdiens ont été révélés à la suite de stress légers. Notons que, dans certaines situations, les dosages sanguins des hormones thyroïdiennes apparaissent anormaux, alors même qu'il n'y a pas réellement de maladie thyroïdienne.

Ces constats encouragent à rester prudent. Si vous êtes fragile de la thyroïde, éviter tout stress contribuera probablement à stabiliser votre fonction hormonale.

LE TABAC

Au chapitre des méfaits bien connus du tabac, on peut ajouter ses effets toxiques pour la thyroïde. La fumée de cigarette contient des dérivés (les thiocyanates) qui bloquent le fonctionnement thyroïdien et détruisent très probablement certaines cellules thyroïdiennes. Chez les personnes prédisposées aux maladies thyroïdiennes, la tabagie, même légère, peut faire basculer du mauvais côté…

Une étude récente[1] portant sur 132 paires de jumeaux, dont l'un seulement développait une maladie thyroïdienne, a montré de façon édifiante que le tabagisme multiplie par 3 le risque de développer une pathologie thyroïdienne, et ce, qu'il s'agisse de vrais ou de faux jumeaux, l'effet nocif du tabac étant même plus prononcé pour les vrais jumeaux ! Lorsque les deux jumeaux fument, ceux qui développent une maladie thyroïdienne fument significativement plus que leur jumeau sain. En fait, ce sont surtout les maladies thyroïdiennes auto-immunitaires qui sont aggravées par la consommation de tabac.

1. Brix et Al, *Arch Intern Med*, 2000.

LES MÉDICAMENTS SUSCEPTIBLES DE DÉRÉGLER LA GLANDE THYROÏDE

La fonction thyroïdienne, nous l'avons vu, est extrêmement « fragile » et peut se dérégler facilement. C'est ainsi que certains médicaments peuvent fausser les résultats d'examens sanguins visant à vérifier le fonctionnement de votre glande. Parmi ces médicaments, nous avons cité ceux qui contiennent de l'iode (voir tableau p. 35), mais d'autres produits ne sont pas sans effets.

Il n'est pas question ici de dresser une liste exhaustive de toutes les médications concernées, ni de développer tous les mécanismes en cause. Nous citerons simplement quelques-uns de ces produits, parmi les plus courants ou les plus délétères.

L'AMIODARONE

Elle intervient dans le traitement des troubles du rythme cardiaque. Son administration régulière augmente d'environ 40 fois le taux d'iode circulant. Cette surcharge en iode, associée aux effets centraux (c'est-à-dire hypophysaires) du produit, entraîne les dérèglements. On observe soit une hypothyroïdie si la charge iodée avant l'administration du produit était forte, soit des hyperthyroïdies si la charge iodée était faible.

L'évolution de l'hyperthyroïdie en relation avec l'amiodarone est habituellement favorable en 12 à 18 mois. C'est en effet le temps nécessaire à l'élimination du produit.

L'amiodarone reste cependant un excellent médicament. Il est simplement conseillé d'éviter son utilisation en cas d'antécédents de maladies thyroïdiennes.

LES ŒSTROGÈNES

Ceux, par exemple, contenus dans les pilules contraceptives modifient seulement le bilan thyroïdien, mais c'est un artifice. Seule la forme totale de la thyroxine (voir « Le dosage des hormones », p. 124), si on la dose, est élevée dans le sang, pour la simple raison que les œstrogènes augmentent la quantité de protéines pouvant transporter les hormones (la TBG). C'est pourquoi il ne faut doser, si nécessaire, que la forme libre.

LES GLUCOCORTICOÏDES

Ils modifient également les examens sanguins thyroïdiens. Hormis l'abaissement de la production de TSH, ces médications peuvent diminuer la synthèse protéine de transport (TBG).

L'INTERFÉRON

Ce médicament, largement utilisé dans le traitement des hépatites, est responsable de l'apparition de thyroïdites (voir p. 114) qui se manifestent sous forme d'hyper-thyroïdie ou d'hypothyroïdie. Ces dérèglements sont habituellement réversibles dès l'arrêt du traitement.

DEUXIÈME PARTIE

QUAND LA THYROÏDE VA MAL

Goitre, kystes, nodules :
ces grosseurs qui font peur

Le goitre

Un goitre est une augmentation globale de volume de la glande thyroïde. Il peut être porteur ou non de nodules, être associé ou non à un dérèglement de la « fonction » thyroïdienne (hyperthyroïdie, hypothyroïdie ou euthyroïdie, c'est-à-dire fonction thyroïdienne normale), ou à des signes de thyroïdite. Il faut alors rechercher la cause de ce goitre pour en déterminer le traitement. Mais rassurez-vous : présenter un goitre ne contraint pas automatiquement à se faire opérer.

Chez une jeune fille un peu maigre dotée d'un long cou, par exemple, la thyroïde, un peu trop visible, peut être confondue avec un goitre, sans qu'elle ressente ni gêne, ni douleur… En l'absence de symptômes, une simple surveillance médicale suffira.

Le goitre simple correspond à une augmentation isolée du volume thyroïdien, sans dérèglement de la fonction thyroïdienne, ni nodule, ni signe de thyroïdite. Il peut, par exemple, affecter la jeune femme en situation de stress chronique. Le plus souvent, il s'agit d'une compensation transitoire du volume thyroïdien pour subvenir à des besoins plus importants en hormones thyroïdiennes. Si le goitre est un peu trop volumineux et cause une gêne locale, il n'est pas pour autant nécessaire de se jeter sous le bistouri : un traitement médical, étalé sur plusieurs mois, rétablira la situation.

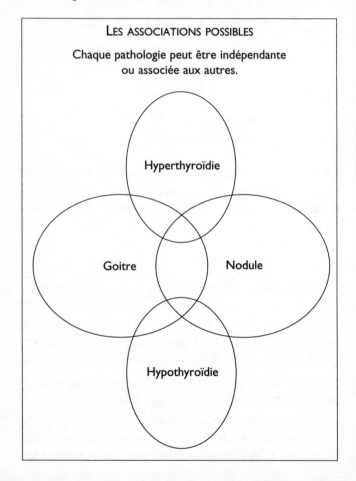

LES ASSOCIATIONS POSSIBLES

Chaque pathologie peut être indépendante ou associée aux autres.

Hyperthyroïdie

Goitre

Nodule

Hypothyroïdie

Ce type de goitre peut subir des poussées évolutives, en particulier au moment de la puberté et des grossesses, périodes au cours desquelles un traitement peut être administré.

Le goitre endémique est une forme de goitre diffus, plus volumineux en moyenne que le goitre simple. Des signes de compression sont parfois observés, occasionnant une gêne pour déglutir ou pour respirer. Ces goitres apparaissent dans des régions dites « à prévalence goitreuse ». La carence en iode joue un rôle déterminant dans ce contexte. Un traitement médical précoce et un apport supplémentaire en iode font régresser sans problème la fréquence et la gravité de ces maladies.

Nous développerons les différents cas des goitres associés ou non à des nodules et des dérèglements de la fonction thyroïdienne aux chapitres concernés.

LES NODULES ET LES KYSTES

Il s'agit de tuméfactions localisées sur la thyroïde. On les découvre le plus souvent de façon fortuite. Les hommes, en se rasant le matin, remarquent une grosseur du cou ; les femmes ont des difficultés pour boutonner leur col. La médecine du travail dépiste parfois ces nodules. Il suffit de poser les mains sur le cou pour les sentir. Mais rassurez-vous : nodule n'est pas synonyme de cancer !

À la différence des kystes, qui apparaissent comme des rondeurs pleines de liquide, les nodules sont des « boules » solides. Seule une échographie permet de les distinguer car, alors que les nodules semblent être « pleins » et renvoient un écho, les kystes, au contraire, sont vides, habituellement bien circonscrits, et ne renvoient pas d'écho.

Les nodules peuvent être associés et plus ou moins nombreux dans une même glande thyroïde ; on parle alors de « goitre multinodulaire ».

Cette affection est très fréquente et ne présente généralement aucun symptôme. Entre 5 % et 10 % de la population adulte est porteuse de nodules. Ces chiffres atteignent même un tiers de la population si l'on tient compte des nodules ne dépassant pas 2 à 3 mm de diamètre. La majorité l'ignore donc. En dehors du ou des nodules, le reste du tissu thyroïdien (le parenchyme) et son fonctionnement sont normaux. On ne souffre donc pas d'hypothyroïdie. (Il faut en outre encore distinguer entre la présence d'un ou de plusieurs nodules dans la glande thyroïde et un mauvais fonctionnement de celle-ci…)

Sans que l'on en connaisse totalement toutes les causes, il est admis que l'apparition des nodules correspond probablement à une forme de vieillissement de la glande. La fréquence des nodules thyroïdiens augmente avec l'âge et gageons que, si l'on pratiquait systématiquement des examens d'imagerie (en particulier l'échographie) sur la population féminine de plus de 50 ans, on détecterait des nodules dans plus de 50 % des cas.

Le risque de cancer, quoique peu fréquent (environ 10 % des cas de nodules thyroïdiens isolés et froids à la scintigraphie), rend nécessaire de déterminer la nature du nodule. Ce qui signifie que, dans 90 % des cas, il n'y a pas cancer. De plus, ce risque diminue si le nodule n'est pas isolé (nodules multiples) ou s'il est associé à un goitre. Ainsi, le cancer thyroïdien ne se rencontre que dans 2 à 5 % des cas de goitres multinodulaires.

QUELS EXAMENS PRATIQUER ?

Un examen attentif de la glande permet de déterminer la nature cancéreuse du nodule si celui-ci est dur, difficilement mobilisable lors de la déglutition et si le sujet présente des ganglions lymphatiques dans le cou.

Les examens sanguins

Habituellement, les nodules ne s'associent pas à un dérèglement de la fonction thyroïdienne : il n'y a ni hyperthyroïdie, ni hypothyroïdie. Un simple dosage de la TSH plasmatique permettra de le confirmer.

Les examens d'imagerie

• *L'échographie thyroïdienne.* C'est le premier examen à faire. Elle permet de réaliser une « cartographie » de la glande thyroïde en précisant sa taille, son aspect, mais aussi le nombre, la situation, le volume et l'aspect de chaque nodule, ainsi que l'existence d'éléments associés tels que des adénopathies (ganglions).

Cependant, l'échographie ne permet pas de porter un diagnostic sur la nature des nodules. Elle ne peut donc pas répondre à la question que chaque patient a en tête au moment de l'examen : « S'agit-il d'un cancer ? » On sait toutefois que les nodules hypoéchogènes sont un peu plus souvent cancéreux que les hyperéchogènes. Enfin, si l'aspect d'un nodule surveillé en échographie change, il convient d'être prudent.

D'autres critères, tels que l'étude échographique de la vascularisation du nodule, n'apportent pas non plus d'arguments décisifs.

• *La scintigraphie thyroïdienne.* C'était autrefois l'examen clé pour faire le bilan des nodules thyroïdiens isolés. On partait tout simplement du constat que la fréquence des cancers thyroïdiens était la plus élevée lorsque le nodule était froid, c'est-à-dire lorsqu'il apparaissait comme un « trou » dans l'image. À l'inverse, les nodules chauds captent presque tout l'iode radioactif.

L'enchaînement habituel était alors le suivant : découverte d'un nodule thyroïdien, scintigraphie thyroïdienne, puis chirurgie si le nodule était considéré (souvent abusivement d'ailleurs) comme froid. On opérait de toute façon dans 90 % des cas, de crainte qu'il ne s'agisse d'un cancer !

Cet examen reste aujourd'hui utile, surtout en présence d'éléments indiquant une hyperthyroïdie. On vérifie alors si le nodule est responsable ou non de l'hypersécrétion hormonale. S'il est en cause, il apparaît comme une « boule » sombre qui fabrique donc beaucoup d'hormones. Dans le cas le plus extrême, seul le nodule fabrique des hormones ; il est le seul à être visualisé à l'examen. On parle alors de « cartographie en drapeau japonais ».

Cartographie dite
« en drapeau japonais »

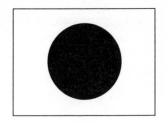

Dans ce dernier cas (adénome toxique ou prétoxique), la solution la plus courante demeure le recours à la chirurgie car aucun médicament n'est capable de bloquer définitivement cette hypersécrétion. Si l'on ne peut opérer, il reste néanmoins la possibilité d'un traitement par l'iode radioactif, qui asséchera le nodule en le laissant en place.

Si le nodule n'est pas responsable de l'hyperthyroïdie, il n'apparaît pas comme « hyperfixant » et se trouve noyé dans le reste de la glande thyroïde.

La ponction thyroïdienne

Cet examen, fiable et reproductible, est pratiqué depuis plus de cinquante ans aux États-Unis, un peu moins en France. Il est devenu indispensable pour toute évaluation d'un nodule thyroïdien. Il s'agit simplement de prélever, à l'aide d'une fine aiguille, quelques cellules thyroïdiennes en vue de les analyser.

Contrairement à ce que l'on pourrait penser, cette opération n'est absolument pas douloureuse. Bien entendu, le patient sent l'aiguille lui piquer le cou, mais on peut, au besoin, appliquer une pommade anesthésiante. N'ayez toutefois aucune inquiétude : les

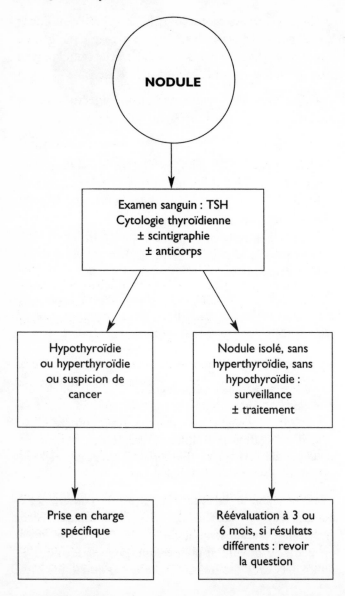

praticiens sont des professionnels, et ne prélèvent que le strict nécessaire ! Ce n'est pas parce que la glande thyroïde est située à la base du cou que tel ou tel organe sera inévitablement blessé lors de l'examen.

Lorsque plusieurs prélèvements sont effectués sur le même nodule, on parle de ponction « radiaire ».

Si le nodule, situé juste sous la peau, est accessible lorsque l'on palpe la glande, on fera une ponction à « main levée », ou « ponction directe ». En revanche, s'il ne peut pas être palpé, on effectuera la ponction pendant une échographie : c'est la « cytoponction échoguidée ». C'est le même opérateur, échographiste entraîné, qui pratique dans le même temps l'échographie et la ponction grâce à une sonde d'échographie spéciale. Elle communique des informations qui s'affichent à l'écran – une garantie pour viser au bon endroit. Elle est aussi munie d'un guide « asservi », si bien que l'aiguille ne peut aller que dans une seule direction : la bonne !

Si, lors d'une ponction sous échographie avec deux opérateurs, celui qui réalise l'échographie indique au manipulateur de l'aiguille : « Un peu plus à droite… Un peu plus à gauche… », pas de panique ! Cette technique, certes rare, est employée lorsque le nodule est palpable mais un peu profond dans le cou. Soyons clair : elle doit rester marginale.

La ponction thyroïdienne est un examen bénin, sans danger ni complication. Elle ne dure que quelques instants. On prend la précaution de recouvrir le point (ou les points) de ponction avec un pansement que l'on enlèvera après quelques heures. Il n'y a jamais d'accident.

Si, pour une raison quelconque, on vérifie les résultats cytologiques (après ponction) par l'histologie (après intervention chirurgicale), on trouvera les mêmes données, ce qui prouve sa fiabilité. Le risque qu'un résultat ne soit plus le même 3, 5 ou 10 ans plus tard est infime, voisin de 1 %.

Encore faut-il savoir ce que l'on fait. Autrefois – et cette pratique n'a malheureusement pas été tout à fait abandonnée –, on réalisait une ponction thyroïdienne pour déterminer si un nodule était cancéreux. Si la ponction était « positive » (quel vilain terme !), le patient était directement confié aux mains du chirurgien. Si elle était « négative », il se trouvait toujours quelqu'un pour vous faire déchanter en observant : « On n'est jamais trop prudent, opérons tout de même ! » Dès lors, à quoi bon faire des ponctions ?

Plus sérieusement, la ponction doit permettre de « classer » les résultats en différents groupes :

LES DIAGNOSTICS CYTOLOGIQUES THYROÏDIENS		
Groupe 1	• Cytologie bénigne	• Kystes purs • Adénomes kystiques ou colloïdes • Maladie de Hashimoto • Thyroïdite de De Quervain
Groupe 2	• Cytologie non formellement bénigne	• Lésion folliculaire (= vésiculaire). • Lésion à cellules de Hürthle.
Groupe 3	• Cytologie maligne	• Très fort risque de cancer thyroïdien.
Groupe 4	• Cytologie non significative (ou non déterminée)	• Prélèvement acellulaire ou en trop faible quantité pour l'analyse.

Groupe 1 : Tout va bien ! On propose une surveillance, parfois un traitement. Une nouvelle ponction est programmée dans environ 3 ans, sauf élément nouveau.

Groupe 2 : Prudence. Une surveillance (ou le recours à la chirurgie) est décidée au cas par cas.

Groupe 3 : Le risque de cancer étant important, il est nécessaire d'opérer.

Groupe 4 : Fort rare (moins de 10 % des cas), si l'examen a été bien conduit. On peut, par prudence, surveiller « d'un peu plus près ».

LA QUESTION
DU CANCER THYROÏDIEN

SI LE NODULE N'EST PAS *A PRIORI* CANCÉREUX

Si le nodule est trop volumineux, une solution chirurgicale est plus prudente car le traitement ne sera pas efficace. Prendre des hormones thyroïdiennes pour « mettre au repos » la glande ne fera pas disparaître les nodules. Au mieux, ils seront freinés dans leur croissance… Mais est-ce suffisant ?

Tout le problème est d'apprécier la taille au-delà de laquelle il convient d'appliquer les mesures de prudence et de proposer une intervention chirurgicale. Si le plus grand diamètre du nodule dépasse 3,5 cm, il est raisonnable de projeter une opération, sauf cas particulier. L'examen cytologique des cellules prélevées par ponction est en effet moins fiable quand le nodule est trop volumineux, car on peut prélever en zone saine, alors que coexistent des micro-foyers cancéreux non dépistés.

Si le nodule est plus petit, il est possible de « mettre au repos » la glande thyroïde grâce à un traitement dit « frénateur », qui consiste à administrer au patient des hormones thyroïdiennes selon des modalités et des objectifs précis.

En fait, nous ne connaissons pas tous les facteurs de « tumorogenèse » ou de « nodulogenèse » thyroïdienne, ce qui signifie que tout ce qui favorise l'apparition puis le développement d'un nodule thyroïdien n'est pas totalement connu.

Certes, la prédisposition génétique joue un rôle, mais on ne peut négliger les facteurs environnementaux : stress, tabac, etc. En outre, des facteurs endogènes, propres à l'individu, sont aussi impliqués.

Nous avons vu que la TSH favorise la fabrication et la sécrétion des hormones thyroïdiennes par la glande. Mais elle stimule aussi la croissance des nodules thyroïdiens. Il faut donc freiner la sécrétion de la TSH si l'on veut ralentir la progression des nodules. Pour cela, il suffit d'apporter des hormones thyroïdiennes sous forme de comprimés. La glande, qui ne sera plus stimulée par la TSH, sera ainsi mise au repos.

Cependant, les résultats de tels traitements sont très largement contestés. Initialement, ils ont été appliqués de façon empirique. On ne dispose en fait que d'un petit nombre d'études dites prospectives, consistant à administrer un traitement actif à un groupe de personnes et un placebo à un autre, puis à observer quelques années plus tard d'éventuelles différences entre ces groupes.

Une récente étude de ce type montre toutefois que, chez les personnes ayant suivi un tel traitement, la glande thyroïde a tendance à moins grossir, les nodules sont moins « évolutifs » et leur nombre n'augmente pas sensiblement. En revanche, en l'absence de traitement, la glande augmente de volume, les nodules initialement présents sont plus gros et de nouveaux nodules apparaissent.

En y regardant de plus près, ce sont les femmes les plus jeunes, présentant les glandes thyroïdes les moins volumineuses et les nodules les moins gros, qui réagissent le mieux au traitement.

Mais on rétorquera que, parfois, les nodules disparaissent spontanément, et que les médicaments prescrits sont potentiellement dangereux.

Contrairement à ce qui est parfois avancé, le traitement n'est pas dangereux, pour peu que l'on conduise la médication avec pondération. On a bien sûr évoqué des risques, en particulier osseux. Si ceux-ci existent lorsque l'on prend de fortes doses d'hormones thyroïdiennes dans le cadre du traitement d'un cancer thyroïdien, nous ne sommes pas dans le même contexte : ici, les posologies d'hormones thyroïdiennes sont moindres, elles n'entraînent pas de subhyperthyroïdies comme dans un cadre cancéreux et sont donc sans conséquences. En revanche, ce traitement impose l'astreinte d'une prise médicamenteuse quotidienne (pilule).

Autre question : celle du rythme et des modalités de la surveillance. À quels intervalles est-il nécessaire de refaire une échographie et/ou une ponction ? Nul n'a pu réellement le déterminer, chaque cas étant particulier.

Enfin, il ne faut pas négliger d'éventuelles causes annexes de formation de nodules, comme le tabac et le

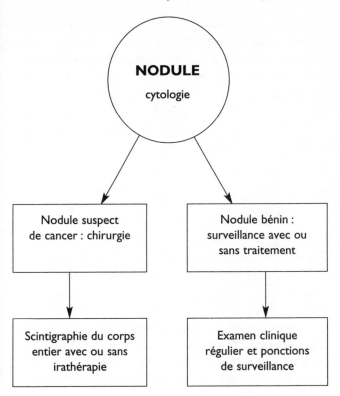

stress. Aussi, il est préférable de cesser de fumer et d'apprendre à gérer son stress.

Mais, direz-vous à juste raison, pourquoi ne pas enlever le nodule par un acte chirurgical ? Le problème serait ainsi réglé définitivement, et il n'y aurait ni traitement à prendre, ni surveillance à assurer !

Il faut savoir que la chirurgie ne règle pas la cause ou les causes de l'apparition de nodules thyroïdiens. Elle en régularise les conséquences en supprimant le nodule, mais, la cause n'étant pas univoque, et pour peu que l'on ne mette pas la glande au repos par un traitement à la suite de l'ablation d'un nodule, le risque de récidive est important (environ 25 % des cas après 5 ans). Dans un cas, on est opéré et l'on prend un traitement ; dans l'autre, on prend un traitement et l'on n'est pas opéré. Mais chaque cas est particulier, et l'on ne peut décider *a priori* de ce qu'il convient de faire.

On ne perd pas de temps en décidant d'opérer dans un second temps, c'est-à-dire après avoir surveillé l'évolution du nodule, par exemple si celui-ci grossit. Dans l'hypothèse où le nodule se révèle cancéreux, il sera traité de la même manière et le pronostic sera aussi bon que si l'intervention avait été décidée initialement.

Si le nodule paraît cancéreux

Bien que cela ne soit pas systématique, les personnes ayant subi une irradiation externe du cou, surtout dans l'enfance, ont plus de risques de présenter un cancer thyroïdien. Jusqu'à 50 % de ces personnes développent des cancers de nombreuses années après l'exposition initiale. Or, il n'était pas rare, dans les années 50, de proposer une irradiation du cou à des enfants pour traiter des affections des amygdales ou du thymus.

Il en est de même pour les irradiations par voie sanguine – nous avons déjà abordé la question de Tchernobyl (voir p. 20).

Par ailleurs, il est admis que des antécédents de goitre ou de nodule thyroïdien représentent un facteur de risque important de développer un cancer thyroïdien.

Ce risque serait multiplié par 6 chez les femmes et par 38 chez les hommes ayant déjà eu un goitre. En outre, il serait multiplié par 30 chez les femmes ayant un antécédent de nodule bénin de la thyroïde.

La fréquence de développement du cancer thyroïdien augmente avec l'âge en cas de nodule thyroïdien. Selon les auteurs de ces études, en cas de nodule froid à la scintigraphie, il serait de 7,1 % à 14,7 % de 9 à 69 ans chez la femme, et de 2,3 % à 10,8 % chez l'homme dans la même tranche d'âge. Après 70 ans, la fréquence passerait à 17,4 % chez la femme et à 24 % chez l'homme.

Le premier cancer de la thyroïde a été décrit en 1833, mais il a fallu attendre un siècle pour que la chirurgie thyroïdienne soit mieux codifiée (par Théodore Kocher : voir p. 161).

Contrairement à beaucoup d'autres types de cancers, le pronostic est généralement bon. Le traitement, bien codifié, est du reste très efficace.

Le cancer de la thyroïde est plus fréquent chez la femme que chez l'homme, mais il est volontiers plus « agressif » chez ce dernier. Il s'agit d'un cancer rare, dont l'incidence (c'est-à-dire le nombre de cas nouveaux constatés chaque année) est de 2 à 10 pour 100 000 habitants. Il représente environ 1 % de l'ensemble des cas de cancers nouveaux enregistrés chaque année.

Environ 4 % des cancers de la thyroïde surviennent avant l'âge de 20 ans, 20 % entre 20 et 40 ans, 35 % entre 40 et 60 ans et 41 % après 60 ans.

En France, depuis 20 ans, on note une augmentation des cancers de la thyroïde chez les adultes. Entre 1975 et 1995, la fréquence aurait été multipliée par 4 chez l'homme et par 3 chez la femme. Les raisons de cette augmentation sont mal connues, mais il est possible qu'elles soient simplement dues à l'application de techniques plus performantes sur une plus large population, et donc à une détection plus précise.

Dans 95 % des cas, aucune étiologie n'est à l'origine du cancer. Dans quelques cas, on peut cependant discuter certains facteurs. La TSH, hormone de l'hypophyse qui régularise la sécrétion des hormones thyroïdiennes, pourrait jouer un rôle, incidence confirmée par la plus grande fréquence constatée de cancers thyroïdiens dans les zones de goitre endémique dû à des carences d'iode. Il s'agit alors de cancers à forme vésiculaire.

La surcharge iodée, à l'inverse, a été accusée de favoriser l'apparition de cancers papillaires.

D'autres facteurs sont encore plus rares. Mentionnons également le risque accru de lymphomes en cas de thyroïdite de Hashimoto. Mais de telles situations sont rares au regard des risques liés à l'irradiation thyroïdienne.

Bien sûr, beaucoup s'interrogent sur les conséquences de l'explosion de la centrale nucléaire de Tchernobyl, en 1986. Il faut savoir que le temps de latence, c'est-à-dire le délai nécessaire pour que le cancer apparaisse après une irradiation, est de 15 à 20 ans. Cependant, plus l'irradiation est intense, plus cette durée est réduite, comme l'a montré le cas des enfants ukrainiens et biélorusses. Il s'agit habituellement de cancers

LES TYPES LES PLUS FRÉQUENTS DE CANCERS THYROÏDIENS	
Cancers « papillaires »	Environ 60 % des cas. Essentiellement chez le sujet jeune. Forme peu « agressive », diffusion locorégionale.
Cancers « vésiculaires » (ou folliculaires)	Environ 30 % des cas. Ils sont bien différenciés ou peu différenciés (on parle alors de cancer trabéculaire). Surtout fréquents vers la quarantaine. Provoquent parfois des localisations osseuses et pulmonaires après diffusion par voie sanguine.
Cancers « indifférenciés » (ou anaplasiques)	Moins de 5 % des cas. Évolution particulièrement rapide, tant locale que régionale. Seraient peut-être l'évolution « naturelle » du cancer différencié.
Cancers « médullaires »	De 5 à 7 % des cas. Décrits pour la première fois en 1959. Issus de cellules « parafolliculaires » situées dans le tissu thyroïdien et chargées de sécréter de la calcitonine, ils possèdent des « marquages » spécifiques pour leur diagnostic. Ils ne sont pas concernés par le métabolisme de l'iode. Existence de formes héréditaires.

papillaires. Cependant, là encore, la forme histologique peut varier selon l'intensité de l'irradiation.

Il n'est pas possible de se prononcer de façon formelle sur la responsabilité de l'accident de Tchernobyl dans l'apparition de cancers thyroïdiens en France. A-t-on constaté une augmentation de la fréquence de ces pathologies depuis 1986 ? Si oui, dans quelle mesure peut-on l'associer à l'explosion de Tchernobyl ? Aucun registre ne nous éclaire sur ces questions. Toutefois, dans les régions où l'irradiation a été la plus forte, comme dans l'Est et en Corse, la question se pose sérieusement.

Le cancer thyroïdien, nous l'avons dit, est le plus souvent diagnostiqué après détection d'une boule dans la glande thyroïde. N'oublions pas toutefois que ce diagnostic peut être évoqué lorsqu'il existe dans le cou une adénopathie (c'est-à-dire un ganglion tuméfié). Il faut alors s'attacher à rechercher une origine thyroïdienne (entre autres) à ce problème.

Une fois le cancer détecté, se pose la question du traitement.

A priori, sauf cas particulier, en raison du risque chirurgical très faible et des séquelles postopératoires mineures, une intervention est le plus souvent conseillée.

Dans le cas d'un cancer papillaire, forme la moins agressive, certains préconisent une chirurgie limitée à un seul des deux lobes thyroïdiens. On parle alors de lobectomie, ou de lobo-isthmectomie si l'on enlève un lobe et l'isthme de la glande. Ceci n'est acceptable que si la personne est âgée de moins de 45 ans.

Cependant, on sait que, dans 80 % des cas, les cancers sont « multifocaux », c'est-à-dire qu'ils ont des localisations multiples au sein même de la glande thyroïde. Par ailleurs, quelle que soit l'étendue de la chirurgie d'exérèse, il faudra programmer un traitement par les hormones thyroïdiennes. Enfin, enlever la totalité de la glande thyroïde facilite la surveillance ultérieure du problème.

LE CANCER MÉDULLAIRE DE LA THYROÏDE

Il se développe à partir de cellules particulières, les cellules C, qui sécrètent de la calcitonine, laquelle intervient dans le métabolisme du calcium. Ils représentent 5 à 10 % des cas de cancers thyroïdiens et sont sporadiques (un seul membre de la famille est atteint) dans 75 % des cas. Mais il existe des formes familiales qui se transmettent génétiquement de génération en génération. Dans ces cas, le cancer peut être isolé ou associé à d'autres maladies endocriniennes (des glandes parathyroïdes, des glandes surrénales…).

Lorsqu'un tel type de cancer est découvert chez un individu, il convient de prescrire un dépistage aux autres membres de la famille, soit par le dosage de calcitonine, soit par la recherche d'un marqueur génétique, le gène « ret ». La présence de cet antigène indique un risque de cancer.

La découverte d'un cancer médullaire de la thyroïde est déclarée au Fichier national du GETC (Groupe d'étude des tumeurs à calcitonine) afin de réaliser des enquêtes épidémiologiques sur cette maladie rare qui peut s'associer à d'autres maladies endocriniennes.

Pour toutes ces raisons, beaucoup préfèrent proposer une thyroïdectomie totale, c'est-à-dire l'ablation complète de la glande thyroïde.

Même réalisée par des mains expertes, la chirurgie thyroïdienne ne va pas sans quelques complications : hypoparathyroïdie par lésion des glandes parathyroïdes accolées en arrière de la glande thyroïde, ou encore paralysie « récurrentielle » par atteinte des nerfs innervant les cordes vocales.

LE TRAITEMENT POSTCHIRURGICAL PAR L'IODE RADIOACTIF

L'intervention chirurgicale est parfois suivie d'un traitement par l'iode radioactif. On utilise le même produit que pour la réalisation des scintigraphies thyroïdiennes, mais à plus forte dose.

Ce traitement à pour but de « brûler » les quelques cellules thyroïdiennes que la chirurgie aurait involontairement épargnées. Il est totalement indolore, mais impose une hospitalisation de 48 à 72 heures en chambre isolée. Si vous devez en passer par là, n'oubliez pas d'apporter de la lecture !

L'iode radioactif à forte dose se fixe sélectivement sur les cellules thyroïdiennes ou sur leurs métastases (localisations à distance) et les détruit.

Ce traitement s'effectue en plusieurs phases. Après une intervention chirurgicale totale, on recherche dans un premier temps l'existence de tissu thyroïdien « fonctionnel » (c'est-à-dire capable de fixer l'iode) dans la région cervicale. S'il en existe, on administre une dose dite « thérapeutique » d'iode radioactif pour rechercher des métastases à distance. En effet, environ 40 % des métastases des cancers thyroïdiens fixent l'iode et peuvent ainsi être traitées.

La scintigraphie occasionne tout de même quelques désagréments. En effet, afin de réaliser un tel examen après l'intervention chirurgicale ou ultérieurement, dans le cadre de la surveillance, il faut laisser le patient sans hormones thyroïdiennes pendant environ 4 semaines, de façon à développer une hypothyroïdie profonde, responsable d'une intense fatigue qui lui rendra impossible toute activité professionnelle au cours de la dernière semaine. Tout se rétablira rapidement après la réintroduction des hormones thyroïdiennes.

En France, on réalise régulièrement des scintigraphies thyroïdiennes dans le cadre de la surveillance des cancers thyroïdiens. Dans d'autres pays, notamment anglo-saxons, on commence par procéder à une surveillance de la thyroglobuline ; une scintigraphie n'est envisagée que si son taux s'élève, après arrêt du traitement par les hormones thyroïdiennes. La thyroglobuline est, en effet, un moyen de surveillance très efficace (voir p. 130).

LE TRAITEMENT HORMONAL

Un traitement hormonal est toujours mis en place après ces traitements. Il est indispensable, puisque la glande a été enlevée dans sa totalité et que l'on ne peut pas vivre sans hormones thyroïdiennes. Par ailleurs, ce traitement a pour but de mettre au repos complet les cellules thyroïdiennes épargnées par la chirurgie ou détruites par l'iode radioactif.

Les cellules, même cancéreuses, ne peuvent plus se développer. On exige alors d'avoir une TSH « indosable », dans le but d'inhiber la moindre sécrétion de TSH qui pourrait favoriser l'apparition de localisations secondaires.

AUTRES TRAITEMENTS DES CANCERS THYROÏDIENS

On a rarement recours à la radiothérapie externe. Son objectif est de stériliser le foyer cancéreux après chirurgie. Le traitement s'effectue en général en plusieurs séances réparties sur plusieurs semaines.

La chimiothérapie, bien que peu efficace, avec une réponse partielle dans 10 à 20 % des cas, est tout de même parfois proposée, le plus souvent dans les formes de cancer avec métastases rapidement évolutives. Son efficacité est malheureusement limitée dans le temps et nécessite de réaliser des séances de chimiothérapie toutes les 3 semaines.

SURVEILLANCE DES CANCERS THYROÏDIENS

Une fois opérés, puis vérifiés par l'iode radioactif et la scintigraphie, les cancers thyroïdiens différenciés doivent être surveillés. Ce contrôle est avant tout clinique et biologique. L'examen du cou, par les doigts du médecin habitué, permet de dépister toute formation anormale. Les examens biologiques sont ceux de la TSH, qui doit rester effondrée, et de la thyroglobuline, qui doit rester indétectable. La surveillance s'effectue habituellement tous les 6 mois pendant les 2 premières années suivant l'opération, puis tous les ans par la suite… pour le restant de vos jours !

Nos voisins anglo-saxons se contentent de ce type de surveillance. En France, nous réalisons volontiers une nouvelle scintigraphie, dite « de contrôle », à 6 mois, à 1 an, puis selon un rythme déterminé au cas par cas. Cette scintigraphie impose l'arrêt du traitement par les hormones thyroïdiennes pendant au moins 4 semaines avant l'examen, ce qui ne va pas sans poser des problèmes : l'hypothyroïdie par carence majeure en hormones thyroïdiennes ne manquera pas de se manifester, compliquant quelque peu la vie quotidienne.

De nouvelles techniques permettront prochainement de ne plus interrompre la prise d'hormones thyroïdiennes grâce à la « TSH recombinante », qui commence à être disponible en France. Après injection de ce produit, il suffit de doser le taux sanguin de thyroglobuline, dont on sait qu'il s'agit du marqueur d'évolution des cancers thyroïdiens différenciés. Si le taux de thyroglobuline ne s'élève pas sous injection, il n'y a pas de tissu thyroïdien actif et l'on peut poursuivre la surveillance simple. Par contre, si le taux de thyroglobuline s'élève, il faut alors interrompre les hormones thyroïdiennes pour réaliser une scintigraphie de contrôle 4 semaines plus tard.

Tout soupçon de récidive ou de métastase localisée à distance oblige à rechercher une nouvelle évolution cancéreuse. Le médecin traitant s'occupera de ces méta-stases à distance : la plupart du temps, elles sont en effet accessibles au traitement, et celui-ci améliore singulière-ment la survie dans d'excellentes conditions.

Signalons que, dans les cas de cancers thyroïdiens médullaires, en raison de la fréquence des formes fami-liales (10 à 20 % des cas), il est nécessaire d'investiguer les membres de la famille. Cette recherche s'effectue par des prélèvements sanguins. Elle passe par le dosage de la calcitonine, éventuellement après stimulation. Plus modernes, plus efficaces, mais aussi plus coûteuses, les recherches génétiques permettent d'identifier les personnes qui risquent de développer cette forme de cancer.

LE PRONOSTIC DES CANCERS DE LA THYROÏDE

Il est excellent. Dans les formes différenciées, il dépend de l'âge et de l'étendue des lésions au moment du diagnostic. Chez les personnes jeunes, correctement opérées puis surveillées, la survie à 10 ans est de 100 %. Elle est de 92 % à 20 ans, quel que soit l'âge de la découverte (n'oublions pas cependant que cette forme de cancer est plus agressive chez les personnes âgées).

Pour les cancers médullaires, la survie à 10 ans est d'environ 60 %.

Précisons enfin que, malheureusement, les cancers indifférenciés ont une évolution très rapide et désastreuse.

LA CHIRURGIE THYROÏDIENNE

En 1909, le prix Nobel de médecine fut attribué au professeur suisse Théodore Kocher, qui avait facilité la procédure de thyroïdectomie, c'est-à-dire l'ablation chirurgicale de la thyroïde.

Quels patients peuvent prétendre recourir à la chirurgie ?

Essentiellement les personnes présentant un nodule thyroïdien douteux à la ponction thyroïdienne, mais aussi certains individus souffrant d'hyperthyroïdie, notamment si cet excès hormonal est dû à un goitre nodulaire volumineux, sans oublier les personnes affligées d'un goitre volumineux et inesthétique, et surtout compressif, par exemple sur l'œsophage, car il entrave la déglutition, ou sur la trachée-artère car il gêne alors la respiration.

Comment se déroule l'intervention ?

Avant d'être admis à l'hôpital, habituellement la veille de l'intervention, il est obligatoire de rencontrer le médecin anesthésiste. Celui-ci déterminera, selon votre cas, vos antécédents et la maladie en cause, le meilleur choix pour vous endormir. En effet, l'intervention se déroule sous anesthésie générale. C'est pourquoi, le jour J, vous devez rester à jeun.

L'incision, dite « en cravate », pratiquée à la base du cou ne laissera subsister que peu de traces. Selon les cas, le chirurgien procédera à une thyroïdectomie totale (ablation de toute la glande thyroïde) ou partielle. Cette dernière est souvent une lobectomie, c'est-à-dire l'ablation d'un des lobes de la glande.

Reconnaissons-le : les 48 heures suivant l'intervention sont assez douloureuses. On est gêné pour bouger la tête. Le mieux est de rester allongé, le buste légèrement surélevé par un oreiller. Immédiatement après l'opération, on ressent une enflure du cou à l'endroit de la cicatrice, un mal de gorge, et l'on a des difficultés à avaler. Une douleur de la nuque peut aussi se manifester en raison de la position du corps pendant l'intervention chirurgicale. Pour bien dégager la thyroïde, la tête est penchée en arrière (hyperextension). Un conseil : signalez bien au chirurgien votre arthrose cervicale si vous en souffrez !

Cette douleur postopératoire disparaît rapidement. Dans les 3 ou 4 jours, vous serez sorti de l'hôpital, mais il vous faudra revoir le chirurgien rapidement, généralement après 8 jours, pour surveiller le bon déroulement de la cicatrisation.

À la maison, n'espérez pas reprendre une activité normale. Un repos bien mérité est souhaitable pendant 2 à 3 semaines. Pendant ce temps, essayez de ne pas porter de charges trop lourdes. De toute façon, les muscles du cou, sectionnés pendant l'intervention, vous rappelleront à l'ordre. Prenez garde aussi à ne pas exposer votre cicatrice au soleil : elle pourrait devenir boursouflée et disgracieuse.

Quels sont les risques de l'intervention ?

Ils sont de trois types.

1) *Hypothyroïdie.* Celle-ci est attendue quand la plus grande partie, voire la totalité de la glande, a été retirée. Elle sera donc dépistée et traitée sans difficulté.

2) *Baisse du taux de calcium dans le sang.* Elle se manifeste par des fourmillements au niveau des extrémités (doigts, pourtour de la bouche...) et se compense très aisément. Elle résulte d'une inactivation des glandes parathyroïdes, chargées du métabolisme du calcium, qui sont enchâssées à l'arrière de la glande thyroïde. Mais l'hypoparathyroïdie est rare : elle survient dans moins de 10 % des cas de thyroïdectomie totale pour cancer, et reste exceptionnelle dans les lobectomies (ablation d'un seul des deux lobes). De plus, elle

est très généralement transitoire, c'est-à-dire que le taux de calcium se rétablit dans les limites de la normale, dans les mois qui suivent l'intervention.

3) *Perte de la voix.* Cette inquiétude est courante chez les patients. En effet, le chirurgien se trouve en position de blesser des nerfs récurrents qui circulent à l'arrière de la glande thyroïde et innervent les cordes vocales. Là encore, cette situation, rare, est très habituellement transitoire. Il se peut cependant que vous ayez la voix un peu rauque. Quant à la gêne pharyngée que l'on peut éprouver après l'intubation (introduction d'un tube dans la gorge pendant l'anesthésie servant à assurer la ventilation), elle est passagère et parfaitement normale.

Nos voisins anglo-saxons se plaisent à rappeler que la fréquence des complications de la chirurgie thyroïdienne dépend de la « main » du chirurgien : plus il est « entraîné », plus les complications sont rares !

LES DÉRÈGLEMENTS
DE LA FONCTION THYROÏDIENNE

Les dérèglements de la fonction thyroïdienne, c'est-à-dire de la fabrication des hormones thyroïdiennes, ne sont pas nécessairement associés à la présence de nodules. Habituellement responsables de nombreux symptômes, au premier rang desquels la fatigue, ils amènent cependant à consulter.

Dans un souci de simplicité, nous n'évoquerons que les dérèglements périphériques, ceux qui concernent la glande thyroïde elle-même. En effet, une hyperthyroïdie ou une hypothyroïdie peuvent être liées à un dérèglement du « chef d'orchestre » qu'est l'hypophyse. Ainsi, lorsque cette glande s'emballe et sécrète trop de TSH, la thyroïde fabrique trop d'hormones : c'est l'hyperthyroïdie « centrale ». À l'inverse, si l'hypophyse se met au repos et ne sécrète plus la TSH en suffisance, la glande thyroïde, qui ne reçoit plus les stimulations nécessaires, se met elle aussi au repos : c'est l'hypothyroïdie.

Dans ces deux cas, si les manifestations cliniques sont similaires, les examens sanguins ne sont pas totalement superposables et le traitement pourra être différent.

De toute façon, soyez sans crainte : ces cas, qui surviennent rarement, seront dépistés sans problème par votre médecin.

TABLEAU COMPARATIF DES SYMPTÔMES D'HYPERTHYROÏDIE OU D'HYPOTHYROÏDIE		
	Hyperthyroïdie	**Hypothyroïdie**
Cœur	• Tachycardie • Troubles du rythme cardiaque	• Bradycardie • Troubles du rythme cardiaque
Muscles	• Myasthénie • Décontraction rapide	• Myatonie • Crampes • Décontraction lente
Système nerveux	• Nervosité • Agressivité • Hyperémotivité • Confusion	• Apathie • Ralentissement • Dépression
Tube digestif	• Diarrhée	• Constipation
Thermogenèse	• Sueurs • Soif • Mains moites • Thermophobie	• Hypothermie • Frilosité
Hémotopoïèse	• Leucopénie • Neutropénie • Thrombopénie	• Anémie

L'HYPERTHYROÏDIE

Il s'agit de l'augmentation permanente de la sécrétion des hormones thyroïdiennes. En d'autres termes, la machine s'emballe ! Cet hyperfonctionnement et l'excès hormonal qui en résulte entraînent un certain nombre de symptômes, plus ou moins importants selon l'ancienneté du dérèglement et son intensité.

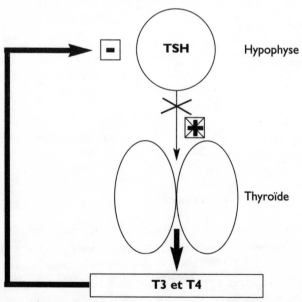

Ce trouble a deux origines possibles. Il peut tout d'abord s'agir d'une maladie de Basedow, qui correspond à un hyperfonctionnement de l'ensemble de la glande thyroïde. Mais l'hypersécrétion peut aussi être en relation avec un nodule qui sécrète en excès les hormones thyroïdiennes, sans tenir compte des besoins réels de l'organisme.

Manifestations cliniques	Goitre nodulaire toxique (en %)	Maladie de Basedow (en %)
Tachycardie	69,5	88
Amaigrissement	54,3	79
Asthénie	53,2	71
Irritabilité/Émotivité	50,5	53
Hypersudation	44	44
Thermophobie	39,1	62
Agitation psychomotrice	34,7	61
Polydipsie	32,6	64
Polyexonérations	10,8	28
Prurit	9,7	27
Polyphagie	5,4	13
Tremblements	40,7	41

Les symptômes sont plutôt d'ordre nerveux chez les plus jeunes (irritabilité, nervosité, anxiété, agitation, tremblements des mains) et d'ordre cardiaque chez les plus âgés (palpitations, tachycardie, troubles du rythme cardiaque).

Précisons toutefois que la maladie de Basedow survient généralement après un stress ou une agression quelconque, habituellement d'ordre psychoaffectif.

Cette maladie touche essentiellement la femme jeune, entre 30 et 50 ans (plus de 80 % des cas). Bien que cela ne soit pas systématique, on constate souvent des antécédents de maladies thyroïdiennes dans la famille.

De prime abord, les symptômes se manifestent par des troubles de l'humeur et un amaigrissement. L'excès hormonal « brûle » tout. S'ensuit une boulimie et, si ce « catabolisme » exagéré est compensé par une alimentation surabondante, une prise de poids.

Autre signe de la maladie : des selles fréquentes, plus que de véritables diarrhées.

Les bouffées de chaleur et les sudations excessives attirent aussi l'attention. Des palpitations (sensation désagréable de sentir son cœur battre trop vite et trop fort) sont généralement ressenties le soir, au début de la maladie, puis tout au long de la journée.

L'hyperthyroïdie se signale également par une fatigue musculaire. On ne peut plus se relever d'un siège sans s'aider des mains (c'est le « signe du tabouret ») et l'on peine pour monter l'escalier sans se tenir à la rampe.

Autres symptômes significatifs : des tremblements, modestes au début, peuvent devenir rapidement handicapants.

Parfois, mais c'est assez rare, la peau des jambes devient infiltrée et dure, formant des plaques surélevées de

L'EXOPHTALMIE

Ce terme désigne la protrusion (ou saillie) plus ou moins importante du globe oculaire en avant de l'orbite. Il ne faut pas la confondre avec la rétraction palpébrale, fréquente dans les hyperthyroïdies, mais liée à l'excès hormonal lui-même.

Importante, l'exophtalmie s'accompagne d'une incapacité permanente, plus ou moins partielle, d'occlusion de la fente palpébrale. De ce fait, elle risque d'entraîner des lésions rapides et graves de la conjonctive et de la cornée. Le pronostic fonctionnel de l'œil, c'est-à-dire la vision, peut être mis en jeu. Elle s'accompagne de signes inflammatoires locaux : œdème des paupières, inflammation de la conjonctive, ainsi que de signes neuromusculaires touchant à des degrés divers les muscles oculomoteurs. Dans les cas extrêmes, cette atteinte est responsable d'une diplopie, qui signe déjà une atteinte grave de la fonction oculaire.

L'atteinte ophtalmologique n'évolue pas toujours en parallèle avec l'atteinte hormonale. Elle peut même précéder cette dernière de plusieurs mois. Elle est causée par l'excès des anticorps antithyroïdiens qui, en plus de se fixer sur le tissu thyroïdien, se déposent sur la graisse rétro-oculaire et déclenchent les symptômes.

Lorsqu'elle est liée à une maladie de Basedow, cette protrusion présente au scanner des aspects particuliers. L'examen radiologique permet de mesurer la saillie oculaire et de retrouver des signes caractéristiques des muscles oculomoteurs dits moniliformes (présentant l'aspect d'un chapelet). Le scanner permet de distinguer cette atteinte particulière de l'œil d'autres causes, en particulier lorsque l'exophtalmie est unilatérale ou très asymétrique.

Le traitement doit être efficace et rapide. La prise de corticoïdes est conseillée pour les formes graves. Après stabilisation des troubles, les séquelles, si elles sont importantes, peuvent faire l'objet d'une correction chirurgicale.

couleur rose orangé ou brunâtre. Il s'agit du myxœdème prétibial.

Plus rarement encore, vous pouvez ressentir des démangeaisons (prurit).

Dans la maladie de Basedow, les signes oculaires sont manifestes : sensations de picotement des yeux (comme si l'on avait du sable sous les paupières), gonflement des paupières, saillie oculaire réalisant l'exophtalmie. Si l'atteinte oculaire est importante, vous pouvez voir double (diplopie). Ce phénomène est lié à une atteinte des muscles oculomoteurs de l'œil, chargés d'assurer les mouvements oculaires.

L'exophtalmie ne se rencontre jamais dans les hyperthyroïdies par adénome toxique.

Le goitre, c'est-à-dire l'hypertrophie de la glande, est habituellement présent, mais pas toujours. Il est un peu « ferme » quand on le palpe. Si on l'écoute avec un

---

LES CAUSES D'ABAISSEMENT DE LA TSH DANS LE SANG

Rétrocontrôle par les hormones thyroïdiennes :
- Hyperthyroïdie actuelle ou récente.
- Nodule thyroïdien autonome.

Atteinte fonctionnelle de l'hypophyse ou de l'hypothalamus :
- Hypothyroïdie centrale.
- Maladie de Cushing.
- Acromégalie.
- États dépressifs.
- Maladies systémiques graves.
- Effets de certains médicaments : hormones thyroïdiennes, glucocorticoïdes, dopamine, bêtabloquants.

stéthoscope, on perçoit un « souffle » : l'hypervascularisation dont il est le siège.

Ces formes complètes d'hyperthyroïdie sont aujourd'hui très rares. Dès les premiers signes, il faut se précipiter chez son médecin qui établira le diagnostic.

Plus rares encore sont les crises thyrotoxiques aiguës, caractéristiques d'une hyperthyroïdie gravissime et d'évolution rapide, qui surviennent habituellement chez des personnes âgées. On l'observait essentiellement

---

L'EFFONDREMENT DE LA TSH

Attention ! Tout effondrement de la TSH ne signifie pas hyperthyroïdie.

Mme I., 42 ans, a un taux de TSH dans le sang nul. Elle craint d'être en hyperthyroïdie. Elle ne présente pourtant pas tous les éléments cliniques en faveur de ce diagnostic : elle n'a pas perdu de poids, n'est pas saisie de tremblements, ne transpire pas de façon excessive, n'a pas de troubles digestifs. Elle présente un petit goitre qui n'est pas vasculaire à l'auscultation et ne présente pas de troubles ophtalmologiques (pas d'exophtalmie). Les examens sanguins, en dehors de la TSH très basse, sont normaux. La scintigraphie thyroïdienne également.

En fait, Mme I. a passé une période très difficile : difficultés dans son couple et dans son travail, décès de sa mère... une multitude de chocs psychoaffectifs. Cette période de stress successifs a provoqué un blocage de la sécrétion de TSH par l'hypophyse.

Mme I. n'avait pas d'hyperthyroïdie. Sans traitement spécifique pour la glande thyroïde, avec du temps et une gestion appropriée des stress affectifs, tout est rentré progressivement dans l'ordre.

lorsque la chirurgie de l'hyperthyroïdie était effectuée sans « préparation », c'est-à-dire sans réduire l'excès hormonal pendant quelques semaines. Les symptômes en sont l'hyperthermie, l'accélération extrême du rythme cardiaque avec insuffisance cardiaque, la déshydratation et les troubles de la conscience. Le pronostic en est malheureusement très sévère et justifie des soins en milieu hospitalier, parfois même en service de réanimation.

Le diagnostic sera confirmé par de simples examens de laboratoire. On découvrira que la TSH est « effondrée », voire « indosable ». Si nécessaire, le dosage des hormones thyroïdiennes T3 et T4, en montrant des chiffres au-delà des valeurs normales, confirmera le diagnostic.

De même, toute élévation du taux sanguin des hormones thyroïdiennes ne signifie pas qu'il y a hyperthyroïdie.

Attention par exemple aux techniques de dosage des hormones thyroïdiennes : pour être transportées dans le sang, elles sont fixées sur des protéines, essentiellement sur la TBG (*Thyroxin Binding Globulin*) et sur l'albumine, qui sont un peu comme des camions transportant de la marchandise. Or, seule la fraction libre est active. Celle qui est fixée sur les transporteurs ne l'est pas.

Dans certaines situations, la quantité de transporteurs est augmentée. C'est le cas lors d'une grossesse ou de la prise de pilule œstroprogestative. Si l'on dose les hormones totales, on trouvera un chiffre élevé. Mais la

---

LES CAUSES D'HYPERTHYROXINÉMIE
(TAUX ÉLEVÉ DE T4 DANS LE SANG)

Augmentation de la liaison T4-transporteur :
- excès de TBG héréditaire : élévation de la production d'œstrogènes (grossesse, naissance, tumeurs sécrétant des œstrogènes), maladies chroniques non thyroïdiennes (hépatopathies, porphyrie aiguë intermittente, môle hydatiforme), médicaments (œstrogènes, clofibrate, méthadone et héroïne).
- excès de T4 à l'albumine : hyperthyroxinémie familiale dysalbuminémique, syndrome paranéoplasique.
- Présence d'autoanticorps anti-T4.

Hyperthyroxinémies transitoires :
- maladies aiguës non thyroïdiennes
- états psychiatriques aigus
- vomissements incoercibles de la grossesse
- séjour en haute altitude.

Effets de certains médicaments :
- Amphétamines.
- Amiodarone.
- Produits de contraste iodés.

Résistance périphérique aux hormones thyroïdiennes.

---

fraction libre des hormones, celle qui est active, aura un taux normal. Donc il n'y a pas d'hyperthyroïdie et il ne convient pas de traiter. Combien de jeunes femmes sous pilule ont été considérées comme hyperthyroïdiennes ! Pour résoudre ce problème, il suffit à votre médecin de doser uniquement les formes libres des hormones, le dosage des formes totales ne servant que très rarement, dans des cas particuliers.

Les examens pratiqués ensuite serviront à déterminer la cause de l'hyperthyroïdie.

Le dosage d'anticorps dans le sang, en particulier des anticorps antirécepteurs de la TSH, si leur présence est détectée, permet de confirmer le diagnostic de maladie de Basedow.

La scintigraphie thyroïdienne garde ici toute sa valeur. Dans la maladie de Basedow, elle montre une glande qui, dans sa totalité, capte de façon rapide l'iode radio-actif. Si l'hyperthyroïdie est due à un adénome toxique, seul ce dernier fixera l'iode.

Si l'hyperthyroïdie s'accompagne de nodules dans la glande, il faut les ponctionner, là encore pour déterminer leur éventuelle nature cancéreuse.

D'autres causes d'hyperthyroïdie, plus rares, existent.

L'une de ces causes est l'ingestion excessive d'hormones thyroïdiennes. Il peut s'agir d'une simple erreur de prescription dans les doses de médicaments, ou d'une erreur dans leur prise. Pas de panique ! Tout rentrera rapidement dans l'ordre en revenant aux posologies indiquées.

Il peut arriver que des troubles évoquant une hyperthy-roïdie soient confirmés par les examens de laboratoire, sans qu'aucune cause classique n'ait été trouvée. La scintigraphie thyroïdienne montre une absence de fixa-tion de l'iode et la glande est déjà saturée. C'est là le résultat de l'ingestion volontaire mais inavouée d'hor-mones thyroïdiennes dans un but fallacieux : celui de perdre du poids... Rappelons ici que les hormones

---

LE SYSTÈME IMMUNITAIRE

Pour simplifier, on peut dire que les défenses immunitaires sont composées de soldats (les anticorps) luttant contre l'ennemi (les antigènes).

Les antigènes sont, habituellement, des particules étrangères à l'organisme, et sont généralement détruits.

Dans le cas d'une hyperthyroïdie, des quantités exagérées d'anticorps sont fabriquées par erreur et dirigées contre les propres structures cellulaires de l'individu. En l'occurrence, les anticorps antirécepteurs de la TSH se fixent sur ce récepteur et déclenchent son activité.

D'autres autoanticorps peuvent se fixer sur d'autres structures de la glande thyroïde et bloquer son activité, provoquant une hypothyroïdie (voir p. 106).

Mais tout n'est pas aussi simple : dans certains cas, les mêmes anticorps peuvent bloquer ou, à l'inverse, stimuler la fabrication des hormones thyroïdiennes. Mais ne compliquons pas !

---

thyroïdiennes ne sont d'aucune utilité pour maigrir. Évitez de suivre ce type de traitement pour perdre du poids, vous y laisserez votre santé et vous ne perdrez pas un gramme !

L'hyperthyroïdie peut aussi être liée à un adénome toxique, c'est-à-dire un nodule, le plus souvent isolé, qui fabrique en excès les hormones thyroïdiennes. Le tableau clinique de l'hyperthyroïdie est habituellement moins marqué. Cette maladie, qui survient généralement chez des personnes âgées de 65 à 70 ans, peut faire craindre la découverte d'un cancer. Il n'en est rien. Le diagnostic repose sur la scintigraphie. Le traitement est toujours efficace.

RECOMMANDATION DE L'AGENCE NATIONALE D'ACCRÉDITATION ET D'ÉVALUATION EN SANTÉ (ANAES) DANS LE DIAGNOSTIC ET LA SURVEILLANCE DES HYPERTHYROÏDIES			
	Diagnostic positif	**Diagnostic étiologique**	**Surveillance**
Examens de 1re intention	• TSH		• TSH, hormones libres T4L ou T3L
Examens de 2e intention	• T4L • T3L *(si T4L normale et TSH basse)*	• Anticorps anti-TPO *(hyperthyroïdie auto-immune)* • Thyroglobuline *(thyrotoxicose factice)* • Iodémie/iodurie *(hyperthyroïdie iatrogène)* • VS, CRP *(thyroïdite de De Quervain)* • Test à la TRH *(adénome thyréotrope, résistance aux hormones thyroïdiennes)*	• Anticorps antirécepteurs de la TSH *(maladie de Basedow)*
Examens inutiles	• Test à la TRH *(sauf situation exceptionnelle)* • Anticorps anti-TPO • Anticorps antithyroglobuline • Anticorps antirécepteurs de la TSH • Thyroglobuline • TBG *(Thyroxin Binding Globulin)* • Iodémie/iodurie • VS, CRP • Lipides	• TBG • Lipides	• Thyroglobuline • TBG • Iodémie/iodurie • VS, CRP • Lipides

L'hyperthyroïdie peut également survenir en cas de thyroïdite, affection relativement rare (voir p. 114) qui se signale par une inflammation aiguë de la glande thyroïde, une rougeur de la peau et parfois des symptômes généraux tels que des poussées de fièvre. C'est la thyroïdite dite « de De Quervain », qui provoque de vives douleurs du cou, dont le traitement vient facilement à bout en régularisant l'hyperthyroïdie.

DIAGNOSTIC DES VARIÉTÉS D'HYPERTHYROÏDIES		
Maladie de Basedow	• Goitre diffus, vasculaire • Exophtalmie • Tremblements	• Scintigraphie : augmentation diffuse et homogène de la thyroïde
Adénome toxique	• Hyperthyroïdie sans signe ophtalmologique • Fréquence des troubles du rythme cardiaque • Nodule souvent palpable	• Scintigraphie : nodule hyperfixant et éteignant le reste du tissu thyroïdien (en « drapeau japonais »)
Goitre multinodulaire toxique	• Hyperthyroïdie avec volumineux goitre hétérogène	• Scintigraphie : gros goitre avec un ou plusieurs nodules hyperfixants. Scintigraphie dite hétérogène
Thyrotoxicose par intoxication aux hormones thyroïdiennes	• Hyperthyroïdie isolée	• Scintigraphie : carte blanche (absence de fixation de l'iode radioactif)
Thyroïdite	• Hyperthyroïdie avec signes inflammatoires thyroïdiens	• Scintigraphie : carte blanche

D'autres formes de thyroïdites, telle la maladie de Hashimoto (voir p. 116), peuvent dans un premier temps prendre l'apparence d'une hyperthyroïdie. En fait, il ne s'agit pas d'une hypersécrétion des hormones par une glande thyroïde emballée, mais d'une libération excessive des hormones lorsque l'inflammation s'installe, un peu comme si vous mainteniez une éponge pleine d'eau sur le rebord de l'évier : vous aurez beau faire attention, vous n'empêcherez pas l'eau de s'écouler, sans que l'éponge en produise une seule goutte !

LE TRAITEMENT DE L'HYPERTHYROÏDIE

Le traitement de l'hyperthyroïdie repose sur trois modalités : les médicaments, la chirurgie et l'iode radioactif.

LES MÉDICAMENTS

Ce sont avant tout les antithyroïdiens de synthèse ou ATS.

Ils permettent de bloquer les différentes étapes de la synthèse des hormones thyroïdiennes.

Différentes modalités de prescription sont possibles. On peut prendre des médicaments pendant environ 18 mois, d'abord à forte dose, puis à la plus petite dose utile et suffisante. Deux semaines au moins sont nécessaires pour que la réduction de synthèse des hormones thyroïdiennes soit effective. En effet, ces médicaments ne réduisent pas le stock hormonal constitué dans la glande thyroïde.

Cette méthode, qui s'accompagne parfois d'échappement thérapeutique, nécessite une surveillance régulière des hormones thyroïdiennes par prises de sang pour adapter la posologie des médicaments. En principe, la dose est diminuée tous les 2 mois en fonction de l'évolution hormonale.

On lui préfère aujourd'hui la méthode dite de Romaldini, du nom de son inventeur, qui consiste à administrer de fortes doses d'antithyroïdiens pendant 18 mois, auxquelles on adjoint la prescription d'hormones thyroïdiennes pour compenser l'hypothyroïdie inévitable que provoque ce mode de prescription. On prend donc à la fois la dote et l'antidote, ce qui a pour avantage de stabiliser rapidement l'hyperthyroïdie. Autre avantage : on s'est aperçu que les antithyroïdiens de synthèse ont des propriétés immunosuppressives, c'est-à-dire qu'ils contribuent à réduire le taux des anticorps antirécepteurs de la TSH, responsables de la maladie. Cependant, cet effet n'est obtenu que pour de fortes doses de médicaments. Il faut donc poursuivre le traitement et compenser l'hyperthyroïdie.

Après 18 mois, on stoppe la prise des médicaments et l'on surveille l'évolution de la maladie. La guérison est obtenue, selon les situations, dans 70 à 75 % des cas. Ce traitement est d'autant plus efficace que les femmes sont plus jeunes et qu'elles n'ont pas de goitre volumineux. Si l'on observe des récidives après quelques mois, il est possible de prescrire une nouvelle cure d'ATS, mais le plus souvent, on aura recours à une autre méthode thérapeutique, chirurgie ou iode radioactif. Le traitement médical par ATS ne doit pas être poursuivi indéfiniment.

Il existe des effets indésirables : intolérances digestives, rares accidents cutanés allergiques et, encore plus rare, atteinte de la fabrication des globules blancs (neutropénie). Ce dernier risque impose une surveillance de la formule sanguine, par simple prise de sang, toutes les semaines pendant les 6 premières du traitement. Passé ce délai, le risque de neutropénie est très faible. Si la neutropénie est importante, il faut arrêter les médicaments. Tout rentre alors dans l'ordre.

Les ATS sont contre-indiqués en cas de grossesse. En effet, ils sont susceptibles de traverser le placenta, de bloquer le fonctionnement de la thyroïde fœtale et d'occasionner l'apparition d'un goitre chez le fœtus. Celui-ci peut poser des problèmes mécaniques à l'accouchement,

LES MÉDICAMENTS ANTITHYROÏDIENS DE SYNTHÈSE				
Nom commercial	Nom chimique	Présentation (comprimés)	Posologie d'attaque	Posologie d'entretien
Propyl-thiouracile	Propyl-thiouracile *(délivré à la pharmacie des hôpitaux)*	25 mg	8 à 12	1 à 3
Basedène	Benzyl-thiouracile	25 mg	8 à 12	4
Néo-Mercazole	Carbamizole	5 mg et 20 mg	8 à 12 2 à 3	2 à 3 + thyroxine

surtout s'il est volumineux. Certaines malformations de l'embryon sont également imputables aux ATS.

Cette contre-indication n'est pas partagée par tous les médecins, en particulier anglo-saxons. Nous devons pourtant la respecter, ne serait-ce que pour des raisons médico-légales.

Une femme enceinte traitée par ATS peut poursuivre sa grossesse, mais en réduisant au minimum les médications et sous couvert d'une surveillance stricte.

LES AUTRES MÉDICAMENTS

Afin de réduire les effets indésirables de l'excès hormonal, on peut prendre des bêtabloqueurs comme le Propranolol. Il possède une activité propre qui réduit la fabrication périphérique de T3 à partir de la T4. En d'autres termes, il inhibe la désiodation périphérique de T4.

Aux posologies utilisées (comprimés dosés à 40 mg ; entre 1 et 3 comprimés/jour), il ne provoque pas de baisse de la pression artérielle et réduit le rythme cardiaque.

Les bêtabloqueurs ne constituent qu'un adjuvant aux ATS. Bien que les symptômes de l'hyperthyroïdie soient moins marqués, la maladie évolue à bas bruit si l'on ne prescrit pas d'ATS en plus.

Les bêtabloqueurs sont utilisés dans le traitement des thyroïdites de Hashimoto, en premier lieu, en cas d'hyperthyroïdie inaugurale. En limitant l'activité des hormones thyroïdiennes sur leurs récepteurs, ces médicaments permettent d'attendre leur diminution plus ou moins rapide dans le sang.

Mentionnons aussi les solutions d'iode, tel le Lugol, proposé lors de la préparation de l'intervention chirurgicale. Cette thérapeutique aurait pour but de réduire la vascularisation intense du goitre et simplifierait le travail du chirurgien, mais peu de médecins l'utilisent encore.

L'hyperthyroïdie se soigne exclusivement par des traitements allopathiques. Les autres méthodes, si elles permettent de réduire les symptômes, ne guérissent pas la maladie elle-même. Rappelons qu'il s'agit d'une maladie qui peut devenir grave, une flambée de thyrotoxicose étant toujours possible.

LA CHIRURGIE

Elle ne sera pratiquée qu'après avoir réduit l'excès hormonal. Pour cela, on utilise volontiers les ATS à forte dose pendant 1 ou 2 mois.

L'intervention par elle-même porte le nom de thyroïdectomie. Il s'agit de l'ablation de la glande thyroïde, dans sa quasi-totalité en cas de maladie de Basedow, de façon partielle quand l'hyperthyroïdie est liée à un adénome toxique.

Volontairement, dans la maladie de Basedow, afin d'éviter des récidives très mal supportées, le chirurgien préférera pratiquer une intervention trop « large », enlevant la totalité de la glande. Admettez qu'il est plutôt déplaisant de se faire opérer pour rien ! Les complications chirurgicales sont très rares et de toute façon réversibles.

Vous n'avez rien à redouter de l'opération. On peut même la qualifier de « petite » intervention, à condition qu'elle soit réalisée par des chirurgiens expérimentés. Seul risque (minime) encouru : une atteinte des nerfs récurrents ou une insuffisance parathyroïdienne.

La guérison est immédiate. Le corollaire sera l'hypothyroïdie, qu'il est aisé de traiter.

LE TRAITEMENT PAR IODE RADIOACTIF (IRATHÉRAPIE)

Il consiste à administrer de l'iode radioactif qui se fixe sur la glande thyroïde et en bloque l'activité. Sachez cependant que ce blocage n'est pas immédiat. Il peut prendre plusieurs semaines, voire plusieurs mois. L'administration de plusieurs doses d'iode est donc parfois nécessaire.

Ce traitement présente l'avantage indéniable de ne pas être douloureux et de ne nécessiter aucune hospitalisation, bien que l'administration d'iode radioactif soit réservée à certains centres agréés.

Seule contre-indication : il ne faut pas administrer d'iode radioactif en cas d'exophtalmie sévère, au risque de l'aggraver de façon brutale.

Il existe un risque théorique de mutation génétique induit par la radioactivité. C'est la raison pour laquelle, en France, ce traitement est contre-indiqué chez la femme en âge de procréer.

À long terme, l'hypothyroïdie est presque inévitable, se manifestant parfois plusieurs années après l'irathérapie. Mais comme elle est attendue, elle est dépistée très tôt et son traitement est toujours efficace. On a coutume de dire que, après une irathérapie, 100 % des personnes développent une hypothyroïdie (si on les suit très longtemps).

QUELLES INDICATIONS THÉRAPEUTIQUES ?

Le traitement médical de la maladie de Basedow par les ATS est réservé aux femmes jeunes. Au-delà d'un certain âge, quoiqu'il soit difficile de fixer une limite (60 ans ?), on sait dès le départ que les chances de guérison sont moindres. De même, si la glande thyroïde est très volumineuse, *a fortiori* nodulaire, le traitement ne sera pas efficace.

Dans ces deux derniers cas, le traitement par ATS permet de préparer à un traitement plus radical : l'intervention chirurgicale.

Aux États-Unis, la prescription d'ATS au long cours ne se pratique que depuis peu. Autrefois, nos voisins d'outre-Atlantique, estimant que les taux de guérison par cette méthode étaient trop bas, proposaient systématiquement une intervention chirurgicale, sauf en cas de glande thyroïde très petite ou de contre-indication évidente. Un traitement d'iode radioactif était alors choisi, même pour une femme plus jeune.

LES TRAITEMENTS DE LA MALADIE DE BASEDOW			
	ATS	**Chirurgie**	**Iode radioactif**
Avantages	• Simple, bien toléré	• Efficacité rapide (2 à 3 mois) ; permet s'il y a lieu d'analyser les nodules	• Simple, action assez rapide (2 à 6 mois)
Indications	• Petit goitre de la femme jeune • Première poussée	• Goitre volumineux • Échec du traitement médical	• Petit goitre • Échec du traitement médical • Contre-indication à la chirurgie
Contre-indications	• Hémopathie connue • Difficultés personnelles ne permettant pas la prise correcte des médicaments	• Personnes « âgées » • Hyperthyroïdie évolutive	• Goitre volumineux • Personnes jeunes
Complications **précoces**	• Neutropénie	• Risque anesthésique • Paralysie récurrentielle (< 2 %) • Hypopara-thyroïdie (< 5 %)	• Majoration de l'hyperthyroïdie (dans la première semaine)
Complications **tardives** (hypo-thyroïdie)	• Nulle	• > 50 %	• 100 % à terme
Complications **récidive**	• 20 à 30 %	• 2 à 5 %	• Rare

La chirurgie peut être proposée, après préparation médicale, en cas de goitre volumineux ou si celui-ci comporte des nodules (goitre multinodulaire toxique). L'existence d'un adénome toxique est *a priori* du ressort de la chirurgie.

L'âge est parfois une limite à la chirurgie. En fait, cela dépend surtout de la bonne forme du patient. Il m'est arrivé de proposer une intervention chirurgicale à une dame de 89 ans, et tout s'est bien passé !

L'iode, du moins dans nos contrées, n'est proposé qu'en dernier recours, comme dans le cas d'un adénome toxique dépisté chez une personne très âgée qui ne pourra pas supporter l'intervention. Il peut également être proposé aux personnes farouchement « réfractaires » à la chirurgie. Il a cependant comme inconvénient de laisser en place des nodules dont il faudra surveiller l'évolution ultérieure.

L'HYPOTHYROÏDIE

C'est le contraire de l'hyperthyroïdie. Elle correspond à
une mise en sommeil de toutes les fonctions et de tous
les métabolismes.

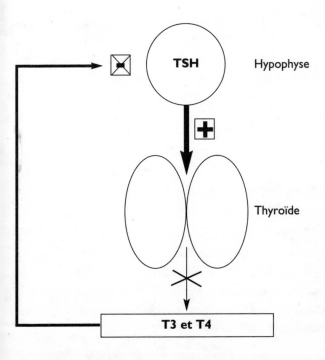

L'hypothyroïdie est une maladie fréquente, largement prédominante chez la femme. Elle concerne près de 5 % de la population adulte. Sa fréquence augmente avec l'âge chez la femme, alors qu'elle est stable chez l'homme, quel que soit son âge.

Cette affection est assez pernicieuse, puisqu'on ne s'en aperçoit pratiquement pas ! Les symptômes s'installent très lentement, sur plusieurs années, à tel point que l'on s'y habitue et que l'on vit avec sans se poser de questions… jusqu'au jour où un médecin pressent ce diagnostic et réalise des examens sanguins très simples révélant la maladie.

Symptôme principal : la fatigue, qui s'installe progressivement, sans que l'on y prenne garde. Après tout, qui ne se sent pas fatigué de nos jours ! Au début, il s'agit d'une simple fatigabilité : plus on travaille, plus on a hâte que le soir arrive pour se reposer. Puis cette sensation s'aggrave, et l'on est fatigué dès le matin. On se réveille avec l'envie de ne rien faire. Cette fatigue physique, qui s'associe à une fatigue intellectuelle, peut, à la longue, entraver toute activité musculaire : il est difficile de porter son sac, de monter les escaliers. Les crampes vous gagnent. Les muscles sont raides, d'abord à l'effort, ensuite au repos.

Troubles de l'attention, de la vigilance, de l'efficience intellectuelle… On s'endort facilement, puis partout et tout le temps. Ces symptômes s'accompagnent d'une fatigue sexuelle, avec diminution puis disparition quasi complète de la libido.

La déprime n'est pas loin. On se supporte mal, puisque l'on se rend compte que l'on ne peut plus rien faire. L'entourage s'inquiète, et majore ainsi l'angoisse générée par cette très grande lassitude.

Et puis, bien que vous vous efforciez d'avoir la fourchette légère, la balance fait grise mine : votre poids progresse, d'un, de deux, de plusieurs kilos. Cette prise de poids s'accompagne de sensations de gonflement sans commune mesure avec les kilos trop facilement gagnés. On se sent lourd, malhabile, pataud. Le visage s'arrondit, les doigts sont gonflés, boudinés, gourds. On a des crampes musculaires.

Les cheveux, ternes, deviennent fins et tombent en abondance. Les ongles, ternes eux aussi, se cassent facilement. Les poils se raréfient, surtout aux aisselles et sur le pubis. Les sourcils ne sont pas en reste et désépaississent, surtout aux extrémités (signe dit « de la queue du sourcil »). La peau est pâle, sèche, froide. On frissonne tout le temps, et les meilleurs pulls n'y peuvent rien ! La langue devient épaisse et semble trop grande pour la bouche. Les dents peuvent se marquer sur les côtés.

Les intestins n'obéissent plus. Fini la selle quotidienne ! La constipation, modérée au début, peut prendre des allures inquiétantes avec parfois une seule selle par semaine. Le ventre est tendu, lourd, ballonné.

Le cœur se ralentit, on s'essouffle au moindre effort. Parfois, bien que ce symptôme soit caractéristique des hyperthyroïdies, on ressent des palpitations.

Pour compléter le tableau, la voix devient rauque, grave. Alors que vous êtes fière de votre tessiture féminine, on se met à vous dire « monsieur » au téléphone ! L'ouïe est moins fine. La nuit, vous qui n'avez jamais fait un bruit, vous vous mettez à ronfler comme une locomotive ; et vous avez beau vous tourner sur le côté, rien n'y fait !

Dans les cas extrêmes, l'hypothyroïdien reste confiné dans son fauteuil, totalement impuissant. Cette maladie survenant le plus souvent à l'âge de la ménopause, c'est elle que l'on accuse en premier. Ménopause, que de faux diagnostics on commit en ton nom !

Fort heureusement, ce tableau dantesque de l'hypothyroïdie est devenu très rare. Autrefois, si vous aviez autour de 50 ans, ces symptômes étaient mis sur le compte de la ménopause. Pourtant, le diagnostic de la maladie est tellement simple… Un dosage sanguin, et on est fixé ! Aujourd'hui, les médecins sont alertés par de petits signes : prise de poids immotivée, fatigue anormale à l'effort, crampes inhabituelles, maladresse inopinée des mouvements fins de la main, chute excessive des cheveux, sécheresse de la peau, frilosité inaccoutumée, sensation de gonflement sans réelle prise de poids, baisse de rendement intellectuel… Ainsi, le diagnostic se fait de plus en plus tôt, chez de jeunes femmes, bien avant l'âge de la ménopause.

Il arrive cependant que le praticien soit induit en erreur par des symptômes trompeurs, qui lui font rechercher d'autres maladies qu'un dérèglement thyroïdien. Troubles du rythme cardiaque ou manifestations coronariennes (angine de poitrine) orientent plutôt vers une maladie du cœur. À l'extrême, mais ces formes sont très

LES SIGNES CLINIQUES DE L'HYPOTHYROÏDIE (EN %)

Signes métaboliques

Asthénie : 99

Frilosité : 90

Prise de poids : 60

Signes cardiaques

Bradycardie : 95

Palpitations : 15

Signes cutanés et muqueux

Peau sèche : 97

Diminution de la transpiration : 89

Langue épaisse : 82

Perte des poils : 76

Chute des cheveux : 60

Voix rauque : 55

Surdité : 30

Signes digestifs

Constipation : 60

Signes musculaires

Crampes : 75

Signes neurologiques

Léthargie : 90

Parole lente : 90

Troubles de la mémoire : 65

Troubles psychiques : 35

rares, on peut observer une insuffisance cardiaque avec son essoufflement et sa cyanose.

Autres causes fréquentes d'erreur de diagnostic : les manifestations neuropsychiatriques (troubles de la mémoire, syndrome dépressif rebelle au traitement classique). Dans ces cas, pensez à la thyroïde. Il arrive même, dans les cas extrêmes, que des hypothyroïdies profondes soient prises pour de véritables démences.

La constipation, opiniâtre et aggravée, peut sembler indiquer un cancer digestif. Mais soignez la thyroïde... et tout ira mieux !

L'hypothyroïdie peut s'accompagner d'un goitre, mais ce n'est pas systématique. Comme nous l'avons déjà mentionné, le volume de la glande thyroïde n'est pas proportionnel à son fonctionnement.

Chez l'enfant, cette maladie non dépistée peut avoir des suites alarmantes : insuffisance du développement cérébral avec son cortège de crétinisme si l'hypothyroïdie survient dans la petite enfance. En cas de troubles, il faut donc toujours garder à l'esprit qu'il peut s'agir d'une hypothyroïdie. Plus tard, si par exemple votre enfant a des difficultés scolaires inhabituelles et inexpliquées, n'hésitez pas à suspecter cette maladie. De même en cas de cassure de la courbe de croissance, c'est-à-dire si votre enfant ne grandit plus ; si le déficit hormonal est apparu dans la petite enfance, on parlera de nanisme hypothyroïdique – un handicap devenu très rare.

Répétons-le : le diagnostic est très aisé. Il suffit de doser la TSH dans le sang.

QUELQUES EXEMPLES CARICATURAUX

• Mme H., 84 ans, réside depuis de longues années dans une maison de retraite. Confinée dans un fauteuil, elle ne fait rien de toute la journée. Pour tous, elle a « un Alzheimer ». Un jour, un médecin dose sa TSH. Le résultat, très anormal, révèle une hypothyroïdie. Le traitement mis en route est très efficace. Au lieu d'être conduite à la consultation sur un brancard, comme la première fois, Mme H. se rend aux consultations suivantes sur ses deux pieds, confessant qu'elle lit son journal tous les jours !

• M. L., brillant ingénieur, est en passe de perdre son emploi. Depuis plusieurs mois, il accumule les erreurs dans son travail, ce qui n'est pas du goût de ses supérieurs. Or, après de nombreuses vicissitudes, une hypothyroïdie est dépistée. Elle est traitée avec succès. Proche de l'âge de la retraite, M. L. garde son emploi sans difficulté.

• Mme M. a 74 ans. Depuis quelques mois, elle est de plus en plus lente. Il a fallu à cette cuisinière hors pair, qui recevait si souvent ses enfants, toute une matinée pour confectionner une simple tarte ! Depuis que le diagnostic d'hypothyroïdie a été confirmé et le traitement mis en œuvre, Mme M. peut de nouveau profiter de sa famille pour de nombreuses années.

Cette TSH, hormone hypophysaire en équilibre avec la fonction thyroïdienne, s'élève pour stimuler au mieux ce qui reste de tissu thyroïdien actif. Cette « sur-stimulation » fonctionne un temps : les cellules actives, bien que moins nombreuses, font de leur mieux pour fournir des hormones en quantité quasi suffisante. C'est l'hypothyroïdie « partielle compensée », dite encore « infraclinique » car elle ne s'accompagne pas de beaucoup de symptômes cliniques. Cependant, on commence à admettre que cette forme toute débutante mérite une plus grande attention : elle représenterait un facteur de risque cardiovasculaire et, surtout, serait impliquée dans la détérioration du bien-être quotidien (l'on serait plus asthénique, plus dépressif et l'on aurait moins d'entrain).

Dans le cas d'une hypothyroïdie « vraie », également dite « avérée », non seulement la TSH est trop haute, mais en plus, les hormones thyroïdiennes (T3 et T4) sont en dessous des valeurs normales. Là encore, comme pour les hyperthyroxinémies, un abaissement du taux sanguin de thyroxine n'implique pas forcément une hypothyroïdie. Il faut donc toujours rapporter les dosages aux raisons qui ont conduit à les demander et garder ainsi un œil critique.

LES CAUSES DES HYPOTHYROXINÉMIES

Diminution de la liaison T4 – transporteur :
- Défaut de synthèse de la TBG (héréditaire, hépatopathies chroniques).
- Pertes excessives de TBG (néphropathies, entéropathies exsudatives).

Maladies systémiques chroniques

Effets de certains médicaments :
- Androgènes.
- Glucocorticoïdes.
- Asparaginase

Inhibition de la liaison T4 – transporteur :
- Maladies aiguës non thyroïdiennes.
- Effets de certains médicaments (salicylates, diphénylhydantoïne).

Traitement par la T3 exogène

Toutefois, l'interprétation des chiffres de TSH impose de rester prudent. Les valeurs dites « normales » pour le laboratoire sont à prendre avec du recul. Si le taux de TSH se situe dans les valeurs hautes de la normale et qu'il existe des éléments cliniques en faveur d'une hypothyroïdie, on pourra vous proposer des examens plus approfondis qui confirmeront bien souvent le début de déficience thyroïdienne.

Le dosage des hormones thyroïdiennes (T3 et T4) est le plus souvent inutile.

RECOMMANDATION DE L'AGENCE NATIONALE D'ACCRÉDITATION ET D'ÉVALUATION EN SANTÉ (ANAES) DANS LE DIAGNOSTIC ET LA SURVEILLANCE DES HYPOTHYROÏDIES DE L'ADULTE		
	Diagnostic	**Surveillance**
Examens de 1re intention	• TSH	• TSH
Examens de 2e intention	• T4L • Anticorps anti-TPO • Test à la TRH (suspicion d'hypothyroïdie secondaire ou tertiaire)	• Exceptionnellement T4L ou T3L (traitement à la L-Thyroxine) • T3L (traitement à la triiodothyronine)
Examens inutiles	• T3L • Autres dosages immunologiques • Thyroglobuline • Iodurie • Lipides *(sauf évaluation des facteurs de risque cardiovasculaire)*	• Autres dosages immunologiques • Thyroglobuline • Iodurie • Lipides *(sauf évaluation des facteurs de risque cardiovasculaire)*

Les autres examens demandés le seront uniquement pour déterminer la cause de l'hypothyroïdie. C'est important car certaines formes (les plus fréquentes) sont liées à des thyroïdites dont la transmission familiale est certaine. On vous proposera alors un dépistage d'autres cas d'hypothyroïdie dans la famille, particulièrement chez les femmes.

Quoique ce cas soit plus rare, il faut savoir que ces thyroïdites peuvent être associées à d'autres maladies endocriniennes qu'il faut aussi soigner. On parle alors de « polyendocrinopathies ».

S'il y a goitre, il faudra pratiquer une échographie thyroïdienne. Nous reviendrons sur cet examen simple et indolore qui renseigne beaucoup sur l'état thyroïdien.

La scintigraphie, sauf cas particulier, est peu utile dans le diagnostic des hypothyroïdies. On ne la pratiquera que très rarement.

Le dosage des anticorps antithyroïdiens est en revanche beaucoup plus utile. Nous avons déjà parlé des anticorps au chapitre des hyperthyroïdies. Ici, ce sont également des anticorps, mais qui bloquent la glande thyroïde au lieu de la stimuler. Les anticorps les plus « performants », les plus sensibles, sont les anticorps « anti-TPO » pour antithyroperoxydase. Il s'agit d'une enzyme intervenant dans la chaîne de synthèse des hormones thyroïdiennes. On comprend aisément que, si l'activité de cette enzyme est bloquée par les anticorps, la machinerie thyroïdienne ne pourra pas fonctionner correctement. Cette image de l'anticorps qui bloque l'enzyme n'est probablement pas parfaite, mais elle a au moins le mérite d'expliquer le déroulement du problème.

Parfois, le dosage de l'iode urinaire met en évidence une carence. Nous avons déjà évoqué cette question, toujours d'actualité dans nos contrées. Le traitement consiste alors à apporter plus d'iode pour permettre la synthèse des hormones thyroïdiennes.

LES CAUSES DE L'HYPOTHYROÏDIE

Elles sont nombreuses.

• *L'hypothyroïdie primaire,* par insuffisance de fonctionnement de la glande thyroïde, est la plus fréquente. Autrefois, alors que l'on ne pratiquait pas encore le dosage des anticorps antithyroïdiens, on parlait d'hypothyroïdies idiopathiques. Elles sont en fait le plus souvent en relation avec une thyroïdite.

• L'insuffisance de sécrétion des hormones thyroïdiennes peut être *d'origine congénitale.* L'hypothyroïdie est alors dépistée dans la petite enfance. Actuellement, le dosage de la TSH est effectué dès la naissance sur une goutte de sang prélevé au talon du nouveau-né. Nous l'avons vu, les hormones thyroïdiennes sont indispensables au bon développement cérébral. Sans hormones suffisantes, le cerveau ne se développera pas correctement, ce sera alors, dans les cas extrêmes, la débilité. Fort heureusement, ce dépistage systématique a permis de faire disparaître ces formes redoutables d'hypothyroïdies.

• L'hypothyroïdie peut être liée à une *insuffisance quantitative de tissu thyroïdien*, par exemple suite à une ablation partielle de la glande thyroïde après découverte d'un nodule ou après une hyperthyroïdie. La glande thyroïde n'a pas disparu, mais il en reste trop peu pour subvenir aux besoins. Ce risque étant connu, il est aisé de surveiller la fonction thyroïdienne après l'intervention et de donner un traitement dès que cela est nécessaire.

• Il en est de même *après administration d'une dose thérapeutique d'iode radioactif,* par exemple pour soigner une hyperthyroïdie. Là encore, à risque connu, surveillance simple et traitement efficace.

• Plus rarement de nos jours, des *radiothérapies externes* peuvent dépasser leur but et bloquer progressivement la fonction glandulaire. Ce peut être le cas lors d'une radiothérapie pour une affection ORL (maladie de la gorge, par exemple), voire à la suite d'un traitement du cancer du sein par irradiation.

• Certains médicaments bloquent la fonction thyroïdienne. C'est le cas des antithyroïdiens de synthèse, nous l'avons évoqué. Mais il y a plus sournois : les médicaments contenant de fortes doses d'iode. Dans le chapitre consacré à l'iode, nous avons mentionné que ces derniers peuvent bloquer durablement la fonction thyroïdienne. Il faut y penser, repérer les fautifs et les éliminer.

LES CAUSES DE L'INSUFFISANCE THYROÏDIENNE
DE L'ADULTE

Causes iatrogènes :
- Chirurgie thyroïdienne (totale ou partielle).
- Irradiations : externe (radiothérapie) ou interne (iode radioactif).
- Médicaments : surcharge iodée, antithyroïdiens de synthèse, lithium.
- Carence en iode.
- Antithyroïdiens alimentaires.

Causes spontanées :
- Thyroïdites chroniques.
- Thyroïdites subaiguës.
- Anomalies de l'hormonogenèse.
- Ectopie thyroïdienne à révélation tardive.

LE TRAITEMENT
DE L'HYPOTHYROÏDIE

Il est habituellement sans surprise. C'est un peu comme lorsqu'on prend le train : on sait d'où l'on part et où l'on arrive, et même à quelle heure... sauf en cas de grève sauvage !

Le traitement de l'hypothyroïdie ne pose habituellement aucun problème. Il existe aujourd'hui des molécules actives simples à utiliser. Cela n'a pas toujours été le cas. Autrefois – les hypothyroïdiens un peu plus âgés s'en souviennent –, on utilisait des médicaments extraits de glandes thyroïdiennes. L'efficacité variait en fonction des lots, à tel point qu'il fallait réadapter la posologie du traitement chaque fois que l'on changeait de lot ! La parade consistait alors à se procurer le maximum de boîtes d'un même lot, ce qui permettait de maintenir un équilibre plus aisément.

Aujourd'hui, on utilise des molécules de synthèse dont l'activité est relativement stable – quoiqu'il existe de légères différences selon les lots de fabrication. Il suffit de tirer le bon !

En tout cas, le traitement est :

– *simple :* une seule prise quotidienne suffit ;

– *bien toléré :* il n'y a pratiquement aucune manifestation de rejet ;

– *efficace :* aucune hypothyroïdie n'y résiste, pour peu que l'on y mette un peu du sien.

Il débute de façon progressive, sans hospitalisation, sauf cas particulier rarissime. Une surveillance un peu rapprochée est souhaitable pour contrôler la bonne tolérance cardiaque, vérifier la pression artérielle... Bref, rien de complexe.

Seul bémol : le traitement est définitif. Les médicaments ne peuvent que compenser la carence en hormones ; ils ne la guérissent pas. C'est le même problème que pour le diabète insulinodépendant : la carence en insuline est compensée tous les jours par les injections. Mais, heureusement pour ceux qui ont la phobie des piqûres, la compensation thyroïdienne est active sous forme de comprimés, à l'inverse de l'insuline, qui doit nécessairement être injectée sous la peau.

La dose de médicaments dont vous avez besoin varie un peu selon les circonstances. Le plus souvent, ces besoins augmentent avec le temps. Il suffit d'augmenter la dose. En revanche, soyez vigilant quant aux interférences médicamenteuses. En effet, certains médicaments limitent l'assimilation digestive des hormones thyroïdiennes. Citons par exemple les gels d'aluminium qui calment les brûlures digestives, ou encore certains sulfates de fer que l'on prend pour faire remonter le taux de globules rouges lorsqu'on est anémié.

En fait, la dose dont vous avez besoin est celle qui vous permettra de vous sentir bien et d'avoir un taux de TSH dans le sang inférieur à 1 μUI/ml (micro-unité internationale). Elle avoisine habituellement les 100 ou 125 μg/jour de Lévothyroxine. Mais il ne faut pas se contenter d'obtenir une TSH dans les valeurs dites normales du laboratoire. Certes, cela peut suffire, mais le plus souvent, si la TSH n'est pas assez basse, vous pouvez vous sentir encore asthénique et fatigable. Si votre hypothyroïdie est compensée avec 75 μg de thyroxine, tant mieux. Mais si vous avez besoin de 200 μg de médicament tous les jours, ce n'est vraiment pas un problème ; dites-vous bien que votre hypothyroïdie n'est pas plus grave que celle du voisin.

Si elle reste nécessaire, la surveillance biologique de la TSH ne doit pas être trop rapprochée. En effet, lorsque vous changez de dosage d'hormones thyroïdiennes, environ 2 mois sont nécessaires pour que l'organisme se rééquilibre à ce nouveau niveau. Si l'on dose la TSH avant, elle n'aura pas encore atteint son nouveau niveau d'équilibre. Un seul mot d'ordre : laisser le temps à l'organisme de se régulariser.

Vos résultats d'examens montrent un taux de TSH un peu bas ? Pas d'affolement. Là encore, il ne faut pas se cantonner aux valeurs données par le laboratoire. Dans votre cas, si le taux de TSH est compris entre 0,10 et 1 μUI/ml, tout va bien. Vous constaterez que le chiffre de 0,10 est en dessous de la fourchette de valeurs données par votre laboratoire. Cela n'a aucune importance, du moment que vous vous sentez bien. Continuez le même traitement, sauf cas particulier. Ce n'est que si la TSH reste résolument inférieure à 0,10 que l'on peut envisager de réduire très progressivement et très lentement la dose de médicaments.

Il peut arriver que la fatigue, la lassitude, le manque d'entrain persistent alors que le taux de TSH est normal. Dans ces cas – rares –, vous pourriez être amené à prendre de la thyroxine (T4) et aussi de petites doses de triiodothyronine (T3). En effet, la T4 se transforme normalement en T3 dans le sang périphérique, T3 qui est l'hormone active sur les récepteurs. Il arrive parfois que cette transformation se fasse mal et que l'activité des hormones thyroïdiennes ne soit pas celle espérée. Un peu de T3 associée à la T4 rectifiera ce dysfonctionnement.

Cas particulier : celui de l'hypothyroïdie développée après ablation totale de la thyroïde pour cause de cancer thyroïdien. Il convient en effet à la fois de compenser l'hypothyroïdie et de bloquer la sécrétion de TSH. Objectif à atteindre : avoir une TSH « indosable » (sub-hyperthyroïdie). La dose de médications dont vous avez besoin est probablement plus forte que dans les cas d'hypothyroïdies plus classiques.

Mais répétons-le : toutes ces difficultés et ces cas particuliers sont rarissimes. Encore une fois, le traitement d'une hypothyroïdie ne pose aucun problème dans l'immense majorité des cas. Les symptômes de votre hypothyroïdie s'amélioreront. Surtout, ne soyez pas pressé : il faut laisser le temps à votre organisme de refaire son « stock » hormonal. Cela peut prendre de 2 à 6 mois. Alors, patience…

LES MÉDICAMENTS DE L'HYPOTHYROÏDIE		
Nom chimique	**Nom commercial**	**Présentation**
L-Thyroxine	Lévothyrox	Comprimés à 25, 50, 75, 100, 125, 150, 175 et 200 µg
	L-Thyroxine	20 gouttes pour 100 µg *(à conserver au réfrigérateur)* Comprimés à 100 µg
Triiodothyronine	Cynomel	Comprimés 25 µg
L-Thyroxine + triiodothyronine	Euthyral	Comprimés (20 µg de L-T3 et 100 µg de L-T4)

Vous avez dit thyroïdite ?

On entend par thyroïdite toutes les atteintes inflammatoires de la glande thyroïde.

Il en existe de plusieurs formes, mais nous nous attacherons surtout à deux d'entre elles : la thyroïdite de De Quervain, dont les symptômes sont particuliers (en raison de sa symptomatologie caractéristique), et la thyroïdite de Hashimoto, assez fréquente.

La thyroïdite de De Quervain
(ou thyroïdite subaiguë)

Elle survient le plus souvent chez la femme de 40 à 50 ans, sans qu'il y ait nécessairement d'antécédents familiaux connus de maladie thyroïdienne. On n'a pas pu jusqu'à présent déterminer de facteur déclenchant.

Comment survient-elle ? Brutalement ! Vous ne vous sentez pas très bien, vous êtes dans un état grippal. Votre voix est enrouée. Vous ressentez en outre une très vive douleur à la base du cou, qui vous rend pénibles la déglutition et la respiration... au point que vous ne pouvez pas bouger le cou sans souffrir ni y poser la main ou le ceindre du moindre vêtement. La douleur irradie même vers les oreilles. Pour couronner le tout, vous avez de la fièvre et vous éprouvez une intense lassitude. Des myalgies (douleurs dans les muscles) et des courbatures vous envahissent.

Votre médecin notera la présence d'un goitre. Il relèvera parfois quelques signes d'hyperthyroïdie (palpitations, quelques tremblements, sueurs).

Quelques examens complémentaires permettront de conforter le diagnostic.

Il peut y avoir une hyperthyroïdie (TSH basse), mais elle n'est pas constante.

Il existe un syndrome inflammatoire sur les prises de sang : la VS (vitesse de sédimentation globulaire) est très augmentée, parfois supérieure à 100 mm à la première heure, alors que la norme est voisine de quelques millimètres !

L'échographie, pratiquée avec douceur, mettra en évidence le goitre et objectivera quelques images très évocatrices de cette maladie (thyroïde hétérogène en échographie).

La scintigraphie sera dite « blanche » : l'iode n'est plus capté par la glande. Ce signe, dans ce contexte de douleurs majeures, est très caractéristique de cette maladie.

Par contre, le dosage des anticorps anti-TPO redevient négatif.

Si vous vous soignez, les symptômes régresseront. Cependant, les douleurs sont tellement violentes qu'il vous faudra prendre des anti-inflammatoires, comme de l'aspirine à bonne dose. Parfois, cela ne suffit pas et vous devrez passer à la cortisone pendant une courte période.

Avant un retour à la normale, la phase d'hyperthyroïdie initiale est parfois suivie d'une phase d'hypothyroïdie. On sait aujourd'hui que près de 30 % des individus ayant présenté une thyroïdite de De Quervain peuvent conserver une hypothyroïdie qui sera jugée 6 mois au moins après l'épisode aigu. Si cette hypothyroïdie persiste, il faudra la compenser comme une hypothyroïdie d'une autre origine.

Retenez comme signal la douleur violente que l'on perçoit lorsqu'on est atteint de cette maladie rare.

LA THYROÏDITE DE HASHIMOTO
(ou thyroïdite chronique)

C'est en 1912, dans une publication de langue allemande, que M. Hashimoto a décrit pour la première fois la maladie qui porte aujourd'hui son nom. Il y évoquait le cas de femmes de la cinquantaine, en hypothyroïdie grave, qui avaient développé un goitre volumineux. Celui-ci, à la biopsie, présentait des composantes inflammatoires diffuses qui semblaient envahir tout le tissu thyroïdien.

Cette affection inflammatoire concerne presque exclusivement la femme. Elle est aujourd'hui découverte beaucoup plus tôt qu'autrefois, puisqu'elle associe une hypothyroïdie (dépistée sur le dosage élevé de la TSH sanguine) et la présence d'anticorps antithyroïdiens, en particulier anti-TPO.

L'échographie est caractéristique : elle montre une glande hypoéchogène, hétérogène, avec des bords flous et des stries longitudinales dans le parenchyme.

La scintigraphie est inutile. Si elle était réalisée, elle montrerait soit une fixation homogène, soit au contraire une fixation hétérogène dite en « damier », mais rien de caractéristique. Elle n'est d'ailleurs proposée que dans des cas particuliers.

Si rien n'est fait, c'est l'aggravation de l'hypothyroïdie. Mais le traitement permet une régulation efficace et durable de la fonction thyroïdienne.

Pourquoi évoquer cette maladie en apparence si simple ? Pour plusieurs raisons.

1. *Il s'agit de la cause la plus fréquente d'hypothyroïdie.* Elle est à transmission familiale, autosomique dominante : un seul des deux parents, porteur du gène de la maladie, le transmet à un enfant sur deux. Toutefois, la pénétrance, c'est-à-dire la probabilité que la maladie se déclare chez le porteur du gène, est variable : faible chez les garçons (environ 40 %), elle est très forte chez les filles (pratiquement toutes les porteuses du gène développeront une hypothyroïdie ultérieure). Il n'est donc pas inutile de dépister les marqueurs de la thyroïdite de Hashimoto chez les descendantes féminines d'une personne ayant contracté la maladie. Chez les garçons, le dépistage systématique ne se justifie pas.

2. *Pourquoi dépister ?* Cette question en sous-entend une autre : à quel moment commencer à traiter ? Chez nos voisins anglo-saxons, par exemple au Canada, le traitement est décidé dès que l'on détecte la présence

anormale d'anticorps antithyroïdiens, qu'il y ait hypothyroïdie ou non. Cette attitude est justifiée car le
traitement réduit le goitre et protège pour longtemps le
tissu thyroïdien sain de l'agression des anticorps. Il
semble en outre que le traitement, qui n'est autre que
celui des hypothyroïdies classiques, ait une action béné-
fique contre les lymphocytes, cellules immunitaires
impliquées dans le mécanisme de la maladie.

Des travaux très récents se sont attachés à pratiquer des
ponctions thyroïdiennes chez des personnes se plai-
gnant de fatigue et n'ayant pas de dérèglement
thyroïdien. Les résultats montrent qu'il existe une très
forte proportion de personnes présentant déjà des
signes d'inflammation dans la thyroïde.

Enfin, et de plus en plus, les hypothyroïdies débutantes
sont prises en charge. Dès lors, pourquoi attendre lorsqu'on sait qu'une thyroïdite auto-immune évoluera
vers l'hypothyroïdie ?

3. *Les thyroïdites auto-immunes sont-elles toutes des maladies de Hashimoto ?* Classiquement, la maladie de
Hashimoto correspond à une hypothyroïdie avec
inflammation thyroïdienne et goitre. Or, lorsqu'on
pratique une échographie thyroïdienne, on découvre
très souvent une atrophie thyroïdienne correspondant à
une affection voisine, la thyroïdite atrophique. Il s'agit
là d'une distinction essentiellement conceptuelle, car le
traitement des deux affections est le même. Cependant,
dans les formes atrophiques, il n'y aura jamais de goitre
si la glande est déjà atrophiée au départ.

4. *Les formes particulières de la maladie de Hashimoto.*
Nous l'avons dit, la maladie de Hashimoto et la maladie de Basedow sont deux maladies auto-immunitaires.
Il existe des cas où les deux affections cohabitent dans une même famille : l'un des membre est porteur d'une hyperthyroïdie, et l'autre d'une hypothyroïdie !

Plus rare et plus « perturbant » encore : la coexistence des deux affections chez la même personne. Il peut même y avoir parfois une alternance entre les accès d'hyperthyroïdie et les poussées d'hypothyroïdie. Ce sont les exceptionnelles « Hashi-toxicoses » mal vécues par les personnes qui en souffrent et dont le traitement est, le plus souvent, chirurgical.

5. *La thyroïdite de Hashimoto peut se doubler des nodules thyroïdiens.* Chaque anomalie de fonction peut s'associer ou non à des anomalies de forme et à la présence ou non de signes d'inflammation thyroïdienne. Ainsi, une thyroïdite de Hashimoto peut très bien coexister avec la présence de nodules.

La ponction thyroïdienne, qui permet de déterminer la nature des nodules, trouve ici toute sa raison d'être. Si l'on retrouve, dans les nodules, des signes de thyroïdite, il n'est pas nécessaire de les enlever. Dans 5 % des cas, on découvre néanmoins des cellules cancéreuses nécessitant de recourir à la chirurgie, comme pour les cancers thyroïdiens qui ne sont pas associés à une thyroïdite.

Une autre forme de cancer très particulier peut survenir en cas de thyroïdite de Hashimoto : le lymphome thyroïdien. Ces cas sont extrêmement rares et se manifestent habituellement par une augmentation rapide et importante du volume glandulaire. Si cela vous arrive, vous vous en rendrez compte : il ne s'agit pas d'une simple petite « boule dans la gorge », mais d'un grossissement très important. Inutile de paniquer pour autant : cette maladie se soigne très bien par voie médicamenteuse.

6. *Un cas particulier : la thyroïdite du post-partum.* Cette thyroïdite, avec anticorps positifs, survient après une grossesse. Une phase inaugurale d'hyperthyroïdie est possible. Elle est suivie par une période d'hypothyroïdie qui, contrairement aux autres causes d'hypothyroïdie, régresse avec le temps. Si vous prenez des hormones thyroïdiennes pour compenser l'hypothyroïdie, les prises de médicaments pourront être interrompues dans la plupart des cas. Cependant, il semble bien que cette thyroïdite du post-partum fasse le lit d'une authentique hypothyroïdie auto-immunitaire qui se manifestera dans les années ultérieures.

TROISIÈME PARTIE

C'EST GRAVE, DOCTEUR ?
TOUS LES EXAMENS
POUR FAIRE LE POINT

Quels examens
pour quels symptômes ?

Pour diagnostiquer une maladie thyroïdienne, votre médecin dispose d'un large éventail d'examens complémentaires.

Il n'est pas question, bien entendu, de les réaliser tous. Ce serait parfaitement inutile et fort coûteux.

Il convient en outre de respecter une chronologie déterminée.

Premier type d'examens : les examens de première intention, qui dépendent des symptômes dont vous vous plaignez. Ils permettent un diagnostic de certitude.

Ensuite viennent les examens de seconde intention, dont le but est de préciser l'origine de la maladie dépistée.

Chaque séquence d'examen est décrite en détail dans les pages suivantes, en particulier ceux qui apparaissent comme essentiels. Histoire que vous sachiez à quoi vous en tenir !

LES DOSAGES SANGUINS

LES TESTS D'ORIENTATION

Les hormones thyroïdiennes régularisant de nombreux métabolismes, et en particulier celui des graisses, il est possible de se faire une idée de la fonction thyroïdienne grâce au dosage du cholestérol sanguin.

Si celui-ci est trop élevé, on peut penser à une insuffisance en hormones thyroïdiennes – sauf dans le cas d'une anomalie de régulation du cholestérol.

Au contraire, si le cholestérol sanguin est anormalement bas, il y a de grandes chances que vous présentiez un excès d'hormones thyroïdiennes.

Toutefois, le dosage du cholestérol est bien insuffisant pour permettre d'affirmer, à lui seul, que vous souffrez réellement d'un dérèglement glandulaire.

LE DOSAGE DES HORMONES

Il est possible de doser directement dans le sang la présence des hormones thyroïdiennes T3 et T4.

Il faut cependant savoir que, pour être véhiculées dans le sang, les hormones thyroïdiennes ont besoin d'utiliser des « transporteurs ». Ce rôle est joué par des protéines, telles la TBG (*Thyroxin Binding Globulin*) ou l'albumine. Mais seule la partie « libre » de l'hormone, celle qui n'est pas fixée sur les transporteurs, est active sur son récepteur. Cette fraction libre représente de très faibles quantités en regard de la fraction totale.

Les dosages sanguins peuvent évaluer soit la totalité des hormones circulantes, soit la seule partie libre, active.

Une grossesse ou une prise de pilules contraceptives contenant des œstrogènes peuvent entraîner un excès de transporteurs. Mais la synthèse des protéines est augmentée de façon naturelle. Dans ces cas, la quantité totale d'hormone sanguine est plus élevée, bien que la fraction libre, seule active, présente un taux de circulation normal. Pour éviter ce piège, le dosage des hormones libres est généralement préférable.

Il est également possible de doser la TSH hypophysaire, qui se trouve normalement en équilibre avec la quantité d'hormones thyroïdiennes disponible. Un résultat anormal de la TSH dans le sang orientera vers une anomalie thyroïdienne. Si la TSH est élevée, on évoquera une insuffisance en hormones thyroïdiennes. Leur excès se traduit par une diminution de la TSH plasmatique.

VALEURS NORMALES DES HORMONES DANS LE BILAN THYROÏDIEN	
TSH :	de 0,15 à 3,5 mU/L
T4 libre :	de 9 à 25 pmol/L
T3 libre :	de 3,5 à 8 pmol/L

LES ANTICORPS ANTITHYROÏDIENS

La détermination sanguine des anticorps antithyroïdiens permet d'évoquer des causes de dérèglements thyroïdiens. Trois dosages peuvent être effectués : celui des anticorps anti-TPO (pour thyroperoxydase), celui des anticorps antithyroglobuline, ou celui des anticorps antirécepteurs de la TSH.

QU'EST-CE QU'UN ANTICORPS ?

Les anticorps sont des protéines sanguines capables de se fixer de façon spécifique sur certaines substances étrangères : les antigènes. Ceux-ci ont pour propriété de provoquer la formation d'anticorps spécifiques, qui les éliminent.

Les anticorps apparaissent donc après l'introduction de l'antigène dans l'organisme. Il existe cependant des anticorps « naturels », présents dans l'organisme sans immunisation préalable de l'antigène qu'ils doivent détruire. C'est par exemple le cas des anticorps contre les antigènes des globules rouges, ce qui explique que les transfusions sanguines pour un sujet donné ne peuvent se pratiquer avec n'importe quel groupe sanguin.

Les autoanticorps, responsables de l'auto-immunité, sont dirigés contre les propres constituants de l'individu. Il est habituel de posséder des autoanticorps, mais en quantité trop faible pour porter à conséquence. Dans les maladies auto-immunitaires, la quantité d'autoanticorps est telle qu'elle provoque la maladie.

---

1. *Les anticorps anti-TPO.* Comme les anticorps anti-microsomes thyroïdiens, ils bloquent la thyroperoxydase, une enzyme nécessaire à la fabrication des hormones dans la glande thyroïde.

2. *Les anticorps antithyroglobuline.* Ils se fixent sur la thyroglobuline et empêchent son fonctionnement correct. En cas d'hypothyroïdie, ces deux types d'anticorps sont présents. Ils permettent d'évoquer le diagnostic d'hypothyroïdie par « thyroïdite auto-immune ».

3. *Les anticorps antirécepteurs de la TSH.* Ils se fixent sur le récepteur cellulaire de l'hormone hypophysaire responsable de la stimulation glandulaire normale. Prenant sa place, ils activent le récepteur et induisent une fabrication anormalement excessive d'hormones (maladie de Basedow). Plus rarement, ce sont des anticorps « bloquant » le récepteur. Ils sont alors responsables d'une hypothyroïdie (maladie de Hashimoto).

Sauf expérimentation, il est actuellement impossible de distinguer ces deux types d'anticorps. On est capable de détecter la présence d'un anticorps antirécepteur de la TSH, mais il est impossible de dire si celui-ci stimule (cas le plus fréquent) ou bloque la thyroïde. Le contexte clinique permettra de faire la distinction.

D'autres anticorps peuvent être recherchés dans le cas de maladies auto-immunitaires de la glande thyroïde. Ces maladies peuvent en effet s'associer à d'autres maladies auto-immunitaires détectées par des signes cliniques spécifiques, et par la présence des autres auto-anticorps.

AUTRES MALADIES ASSOCIÉES AUX DYSTHYROÏDIES

Maladies endocriniennes
- Diabète insulinodépendant.
- Maladie d'Addison (insuffisance surrénalienne).
- Hypoparathyroïdie (responsable de troubles de régulation du calcium).
- Ovarite auto-immune (responsable de ménopause précoce).

Maladies non endocriniennes
- Anémie de Biermer.
- Vitiligo.
- Myasthénie.
- Hépatite chronique active.
- Syndrome de Gougerot-Sjögren (ou syndrome sec).
- Alopécie auto-immune.

Autres associations possibles
- Polyarthrite rhumatoïde.
- Sclérodermie.
- Lupus érythémateux disséminé.
- Autres maladies rares

LES AUTRES DOSAGES SANGUINS

Ils ne servent pas directement à détecter une maladie thyroïdienne, mais permettent de préciser la cause du dérèglement thyroïdien ou sa nature.

1. Le dosage de l'iode

Il peut se pratiquer dans le sang ou, mieux, dans les urines de 24 heures.

La thyroïde fabrique les hormones thyroïdiennes à partir de l'iode. En excès, cet oligoélément peut être responsable de dérèglements de la fonction glandulaire, principalement en fonction du « statut iodé » de l'individu.

Si l'on présente une carence iodée relative, un apport excessif et brutal d'iode peut entraîner une hyperthyroïdie. La glande « s'emballe » et l'hyperthyroïdie se manifeste. Au contraire, s'il n'y a pas de carence, l'excès brutal d'iode peut bloquer la fonction thyroïdienne et provoquer une hypothyroïdie.

Ces deux maladies sont généralement réversibles lorsque l'excès d'iode est éliminé. Cependant, cette élimination est longue et il est préférable de traiter le dérèglement sans attendre la guérison spontanée.

Parfois, l'excès d'iode ne fait que révéler une maladie jusque-là « silencieuse », mais qui se serait déclarée plus tard.

Si l'on absorbe des médicaments contenant de fortes concentrations d'iode, ou après certains examens radiologiques qui requièrent une injection de produit de contraste contenant de l'iode, il est possible de présenter un excès d'iode. Sachez cependant que cet excédent ne dérègle pas toujours la thyroïde, sauf chez les individus « à risque », dont la glande est fragile.

Quant au manque d'iode, il est responsable de goitres. On rencontre ce problème dans le monde entier, y compris en France. La glande ne disposant pas d'iode en quantité suffisante pour fabriquer sa sécrétion hormonale, l'organisme l'hypertrophie. Le goitre diminuera donc par administration d'iode.

2. La thyroglobuline

Ce terme désigne la réserve d'hormones thyroïdiennes dans la thyroïde. Après une thyroïdectomie totale (ablation complète de la glande), on ne trouve plus de thyroglobuline dans le sang. Ce dosage apparaît cependant nécessaire après thyroïdectomie totale pour cause de cancer. Un accroissement progressif de la thyroglobuline dans le sang signalera que du tissu anormal a réapparu.

3. La thyrocalcitonine

Elle est sécrétée par les cellules « parafolliculaires » spéciales, accolées aux cellules thyroïdiennes « classiques ». Ces « cellules C » sont responsables de la fabrication de la thyrocalcitonine, impliquée dans la régulation du métabolisme du calcium. Lorsque les cellules C se développent anormalement, elles sécrètent en excès la thyrocalcitonine que l'on détecte dans le sang. Il s'agit des « cancers médullaires » de la glande thyroïde qui peuvent prendre l'aspect de nodules. Dans le cas d'un nodule thyroïdien mesurant plus de 1,5 cm de diamètre, la détection d'un taux normal de thyrocalcitonine élimine pratiquement l'hypothèse d'un cancer médullaire de la thyroïde.

Comme pour la thyroglobuline, le dosage de la thyrocalcitonine sert de surveillance pour les cancers médullaires après intervention chirurgicale : on ne doit pas la retrouver dans les dosages sanguins. Sa réapparition fait craindre une récidive du cancer.

LES EXAMENS RADIOLOGIQUES

LA SCINTIGRAPHIE THYROÏDIENNE

Cet examen ne peut être pratiqué que dans des centres spécialisés. Il consiste à administrer une très faible dose d'iode radioactif, soit par la bouche, soit par injection. La thyroïde fabriquant les hormones thyroïdiennes à partir de l'iode, la glande captera celui-ci dans sa quasi-totalité. Il sera ensuite possible, grâce à une caméra, d'enregistrer une image correspondant au fonctionnement de la glande et à sa capacité à produire les hormones.

L'utilisation de l'iode radioactif comme « traceur » ne pose aucun problème, ni pour la personne examinée, ni pour son entourage. La faible radioactivité est rapidement éliminée. Toutefois, chez les femmes en période d'activité génitale, on prend soin de pratiquer l'examen en première partie de cycle pour ne pas risquer d'irradier un œuf nouvellement fécondé.

En raison du prix de l'iode et du délai nécessaire pour que le produit se fixe sur la glande, il est également possible d'utiliser d'autres marqueurs radioactifs, tel le technétium. Le coût est moindre et la fixation plus rapide que celle de l'iode 131. Seul problème avec cette technique : certains nodules apparaissent « froids » au technétium, alors qu'ils ne le sont pas avec l'iode.

En cas de surcharge iodée, par exemple si vous prenez de l'Amiodarone, l'examen scintigraphique n'est pas réalisable. De même, la scintigraphie ne sera possible que 6 à 8 semaines après un examen radiologique avec produit de contraste iodé (par exemple, un scanner).

La scintigraphie est d'une grande utilité pour analyser les problèmes d'hyperthyroïdie, lorsqu'il y a excès d'hormones. Elle permet, par exemple, de déterminer si l'excès hormonal provient d'un nodule, que l'on qualifie alors de « chaud », ou s'il est lié à un dérèglement de l'ensemble de la glande.

FIXATION DE L'IODE
DANS DIFFÉRENTES THYROTOXICOSES

Goitre toxique diffus	Fixation diffuse à taux élevé
Nodule toxique	Hyperfixation nodulaire « en drapeau japonais »
Maladie de Basedow	Fixation diffuse à taux élevé
Thyroïdie de De Quervain	Fixation nulle (carte blanche)
Thyroïdite du post-partum	Faible taux de fixation
Thyrotoxicose induite par l'iode	Faible taux de fixation
Hyperthyroïdie exogène	Taux de fixation faible, voire nul

Lorsqu'il existe un nodule de la glande thyroïde, sans hyperthyroïdie, il est classique de réaliser une scintigraphie thyroïdienne, en particulier pour vérifier si ce nodule est susceptible ou non de synthétiser des hormones. Si le nodule est non fonctionnel, il est qualifié de « nodule froid » et apparaît à l'image comme un « trou » sans fixation du traceur radioactif. Cette situation inspire de la prudence : elle est symptomatique des cas de cancers les plus fréquents (10 % de cancers thyroïdiens dans les cas de nodules froids sans goitre).

Cette attitude classique est actuellement remise en question, surtout par les progrès de la cytoponction thyroïdienne (voir p. 138). En cas de nodule, la réalisation d'une scintigraphie thyroïdienne n'est donc plus toujours indispensable.

La scintigraphie thyroïdienne reste un examen capital pour la surveillance des cancers thyroïdiens. Dès qu'un cancer est dépisté, il est logique de se faire opérer. On réalisera une thyroïdectomie puis une scintigraphie « corps entier » pour s'assurer que tout le tissu thyroïdien a été enlevé. Si l'examen met en évidence des résidus de fixations, on administrera une dose « thérapeutique » d'iode radioactif pour « assécher » les foyers restants.

La scintigraphie permet également de surveiller les cancers dans les mois et les années qui suivent l'intervention. On vérifie alors qu'aucun tissu thyroïdien anormal ne se reforme. Cependant, cet examen est inadapté pour étudier la morphologie de la glande. Pour cela, l'échographie thyroïdienne est beaucoup plus intéressante.

LES DIFFÉRENTS NODULES

Nodule froid : partie de tissu thyroïdien ne fabriquant pas d'hormones. Il apparaît comme un « trou » sans couleur sur la scintigraphie.

Nodule chaud : partie de tissu thyroïdien fabriquant trop d'hormones. Il apparaît très coloré à la scintigraphie.

La scintigraphie thyroïdienne est un examen sans danger et indolore. Il peut même être pratiqué si vous êtes allergique à l'iode car la faible quantité administrée ne déclenche aucune réaction. L'irradiation est si faible que de jeunes enfants peuvent la supporter.

L'ÉCHOGRAPHIE THYROÏDIENNE

L'échographie, elle aussi, est un examen sans danger, couramment utilisé pour la surveillance des grossesses. Elle permet d'analyser la morphologie de la glande thyroïde, renseigne sur ses dimensions, son aspect, et détecte la présence éventuelle de nodules. En mesurant la glande thyroïde, il est possible de calculer son volume. Un volume excessif définit un goitre.

On détecte même des nodules thyroïdiens de moins de 5 mm de diamètre par échographie.

Une sonde à ultrasons est placée devant votre cou pour obtenir des échos de la glande et des tissus avoisinants. Ces échos, d'abord étudiés sur un écran lors de l'examen, sont photographiés. Un schéma légendé doit accompagner le compte rendu de l'échographiste. L'examinateur y reporte les mensurations des deux lobes dans

CALCUL DU VOLUME THYROÏDIEN

Les dimensions des lobes thyroïdiens varient avec l'âge et selon les individus. La hauteur *(h)* se situe entre 4 et 6 cm, la largeur *(l)* et l'épaisseur *(é)* entre 1,5 et 2,5 cm. Le volume thyroïdien *(V)* est la somme du volume de chaque lobe, calculé selon la formule suivante : $V = [h \times l \times é] \times 0,52$.

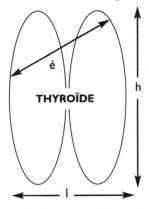

L'ÉCHOGRAPHIE THYROÏDIENNE

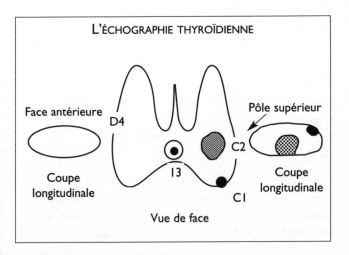

les trois dimensions (longueur, largeur, épaisseur), la situation des nodules avec leurs dimensions.

Un nodule thyroïdien se manifeste sous l'apparence d'une boule, sphérique, dont l'échogénicité (son aspect échographique) est variable. Un nodule hypoéchogène apparaît plus sombre que le reste de la glande thyroïde, un nodule hyperéchogène plus clair. Les nodules iso-échogènes se confondent avec le reste du tissu thyroïdien.

Il est ainsi possible de vérifier si le nodule palpé corres-pond à un kyste ou à un nodule « parenchymateux » qui montre un développement anormal de tissu thyroï-dien. Un kyste a l'apparence d'un rond vide d'écho, qui semble noir sur les photos. Le nodule parenchymateux présente des échos que l'on pourra analyser. La surveillance échographique des nodules permet de surveiller leur transformation en cancer : le nodule change en effet d'aspect, il devient irrégulier, ses contours sont flous, son échogénicité se modifie.

Certaines maladies thyroïdiennes sont révélées par l'échographie. Par exemple, une glande hypoéchogène aux contours flous, mal différenciés des tissus voisins, striée de travées, signale une thyroïdite. Cette maladie s'accompagne également de « pseudo-nodules thyroï-diens ». Ces éléments, qui ressemblent à de véritables nodules, ne sont pas parfaitement sphériques. Ce sont en fait des zones de thyroïdite « active ».

Il existe une nouvelle technique d'exploration échogra-phique : le Doppler pulsé couleur. Cet examen permet l'étude de la vascularisation de la glande. L'hyper-thyroïdie se concrétise par une vascularisation riche, qui ressemble à s'y méprendre à une photo de feu d'artifice. L'étude de la vascularisation des nodules permet aussi d'identifier leur nature cancéreuse ou non. Les nodules bénins refoulent la vascularisation à leur périphérie, provoquant un « encorbellement » vasculaire qui, semble-t-il, disparaîtrait en cas de cancer. Ces données sont toutefois en cours d'évaluation ; il ne faut pas en tirer des conclusions hâtives.

SCANNER ET IRM

Plus rarement, on peut aussi pratiquer un scanner ou une IRM de la glande thyroïde. Ces cas sont rares. Sachez simplement que ces examens radiologiques restent indolores.

LA CYTOPONCTION
THYROÏDIENNE

Cette technique, décrite dès les années 30, a beaucoup évolué depuis. Elle est devenue habituelle dans les années 70. Elle consiste à prélever quelques cellules thyroïdiennes afin de les analyser au microscope, par exemple pour préciser la nature d'un goitre ou d'un nodule.

D'une main, le praticien immobilise le nodule à ponctionner entre deux doigts ; de l'autre, il prélève les cellules à l'aide d'une seringue montée sur une aiguille fine. Lorsque le nodule est accessible à la palpation, on effectue une ponction directe. Dans le cas contraire, il est possible d'effectuer une cytoponction échoguidée lors d'un examen échographique. L'aiguille servant au prélèvement est guidée lors de l'échographie vers le nodule à prélever. Dans les deux cas, les cellules sont ensuite étalées sur une lame, puis examinées au microscope.

Longtemps, la cytoponction a servi quasi exclusivement à dépister les cancers thyroïdiens. En cas de cancer, on proposait une thyroïdectomie. Aujourd'hui, il est possible de classer les résultats obtenus selon divers critères diagnostiques.

Cet examen présente de grands avantages pour l'exploration des nodules thyroïdiens car il évite bon nombre d'interventions chirurgicales inutiles. Autres atouts : il est peu coûteux, indolore et se pratique sans anesthésie. De plus, on peut le prétendre fiable et reproductible.

Si la première détermination cytologique laisse apparaître un nodule bénin, le risque que celui-ci se transforme en cancer est extrêmement faible (moins de 2 % des cas). Bien que cela soit rare, signalons tout de même qu'il peut exister des « faux négatifs », c'est-à-dire des nodules qui semblent bénins à l'examen cytologique, mais qui sont en fait de petits cancers. Toutefois, l'expérience du cytologiste et la répétition des ponctions réduisent ces cas à moins de 1 %. De plus, le cancer thyroïdien, peu fréquent, est suspecté par l'examen clinique et l'examen cytologique.

Pour finir, retenons que, si le nodule n'est pas cancéreux et pas trop volumineux (moins de 3,5 cm de diamètre), l'intervention chirurgicale n'est pas obligatoire.

QUATRIÈME PARTIE

SOIGNER ET PROTÉGER SA GLANDE THYROÏDE

L'ALIMENTATION

La glande thyroïde, organe indispensable à la vie, est fragile. À trop la solliciter, elle finit par se dérégler. Même si le facteur déclenchant cesse, le dérèglement thyroïdien devient autonome, c'est-à-dire qu'il évolue pour son propre compte. Alors, autant prendre soin de cet organe si délicat... en commençant par s'alimenter correctement.

Essentielle pour la santé en général – faut-il rappeler les bienfaits d'une diététique saine sur la surcharge pondérale, le diabète, l'hypertension, le cholestérol ? –, la qualité de l'alimentation n'est pas négligeable dans la prévention de la maladie thyroïdienne.

Votre devise : manger sain et varié ! Souvenez-vous qu'en France, pays riche, nous sommes en zone de carence iodée potentielle... Il est vrai que l'alimentation des bovins est enrichie en iode et que notre sel de table est iodé – quoique les méfaits d'une alimentation trop riche en sel et les doutes qui peuvent peser sur le lait soient sujets à polémiques. Quoi qu'il en soit, vous seriez bien avisé de vous inspirer des habitudes alimentaires extrême-orientales : soja et algues marines ! Il existe des centaines d'espèces d'algues, dont beaucoup sont comestibles, si inhabituel nous paraisse cet aliment. Une douzaine sont autorisées à la commercialisation en France. On estime qu'une consommation d'environ 25 g d'algues (poids sec) par semaine couvre entièrement les besoins en iode de l'organisme.

QUELQUES ALGUES À CONSOMMER	
Fucus :	La plus riche en iode.
Haricot de mer :	Également riche en minéraux.
Dulse :	Très riche en protéines.
Chondrus :	Entre dans la composition du carraghénane (additif alimentaire).
Laitue de mer :	Contient de nombreux minéraux.
Spiruline :	Contient 60 à 70 % de protéines.

Si vous répugnez à consommer des algues, sachez qu'il en existe sous forme de compléments alimentaires. Vous trouverez sans difficulté en magasin des sels enrichis aux algues, à utiliser comme du sel de table. D'autres aliments peuvent suppléer à votre inappétence : le poisson, par exemple, dont la teneur en iode est tout à fait correcte. Pensez aussi aux crustacés et aux mollusques, dont les apports en iode sont intéressants.

ALIMENTS DÉCONSEILLÉS

Si certains produits sont bénéfiques parce que riches en iode, d'autres sont déconseillés. Attention, par exemple, aux crucifères, choux et autres brocolis, qui réduisent l'assimilation digestive de l'iode. En consommer en

excès peut – dans de rares cas – engendrer des dérèglements thyroïdiens. Les crucifères contiennent des
dérivés sulfurés organiques tels que les thiocyanates, les
isothiocyanates, les thiooxazolidones (ou goitrine),
dont on connaît les effets néfastes. Par exemple, les
navets, le rutabaga et les choux renferment de la
goitrine.

De nombreux végétaux comme les patates douces, le
manioc, les pousses de bambou ou les brocolis contiennent des produits chimiques (les glycosides cyanogènes)
qui fabriquent les thiocyanates. Ceux-ci exercent des
effets négatifs sur la synthèse des hormones thyroïdiennes.

LA GESTION DU STRESS

Le stress, diront certains, est le mal contemporain par excellence… Ils ont raison ! Une étude scandinave a mis en évidence une nette augmentation de la fréquence des maladies thyroïdiennes chez l'adulte des années 60 aux années 80, essentiellement chez la femme. Les responsables ? Des méthodes de dépistage plus perfectionnées, bien sûr, mais tout désigne également les progrès du tabagisme et le poids grandissant du stress.

Nous l'avons dit, le stress sous toutes ses formes est un facteur déclenchant des hyperthyroïdies et hypothyroïdies. Malheureusement, même quand le facteur stressant disparaît, la maladie thyroïdienne évolue ensuite pour son propre compte.

Le problème du stress est que son seuil de perception varie suivant les individus. Ainsi Mme G., sympathique grand-mère de 75 ans, a déclenché une hyperthyroïdie à la suite du décès de son petit chien.

Un conseil : si vous pensez être sensible au stress, consultez une table d'évaluation des situations stressantes (voir pages suivantes) et étudiez attentivement les moyens de diminuer l'impact de ces situations. Si ces échelles d'évaluation sont discutables, elles vous permettront au moins de vous faire une idée de votre propre cas. À vous de jouer…

Chaque occasion de stress est affectée d'un certain nombre de points. Additionnez le nombre de points correspondant aux événements que vous avez vécus dans les 12 derniers mois.

La première étape consiste à identifier vos principales sources de stress : longues journées de travail, longs trajets, soucis d'ordre professionnel ou privé, etc. Bien sûr, on ne maîtrise pas toujours tous ces facteurs de stress ; il ne faut pourtant négliger aucun moyen de les réduire. Il y va de votre santé. De plus, vous vous sentirez en meilleure forme et perdrez du poids sans difficulté. Utilisez donc une des nombreuses méthodes à votre disposition : techniques de relaxation (yoga, tai-chi-chuan, sophrologie, méditation) ou techniques physiques (gymnastique douce, massage relaxant, thalassothérapie).

Et gardez en mémoire les 10 commandements anti-stress :

1. prendre le temps de se réveiller chaque matin.
2. prendre le temps de s'endormir chaque soir.
3. prendre le temps d'interrompre un travail pour s'accorder un instant de rêverie.
4. prendre le temps d'écouter.
5. prendre le temps de trouver des solutions au lieu de se limiter à formuler des problèmes.
6. prendre le temps de respirer entre les phrases et entre les actions.

7. prendre le temps d'estimer ses capacités physiques avant d'entreprendre une action.

8. prendre le temps d'estimer ses capacités émotionnelles avant de s'engager.

9. prendre le temps d'estimer ses capacités intellectuelles avant d'accepter une tâche.

10. en toute chose, chercher l'harmonie au lieu de la compétition.

ÉCHELLE D'ÉVALUATION DE HOLMES ET RAHE :
STRESS DÛ À L'ADAPTATION AU CHANGEMENT
SUR 2 ANS (SUR 100)

Regardez la liste des situations stressantes sur la page ci-contre et calculez votre résultat.

Interprétation des résultats

- *De 0 à 149 points :* votre niveau de stress est bas. Pour le moment, vous avez peu de risque de développer une maladie liée au stress.
- *De 150 à 199 points :* vous êtes au-dessus de la moyenne. Vous risquez de développer une maladie liée au stress dans les 2 ans qui viennent si vous ne régularisez pas la situation.
- *De 200 à 299 points :* vous devez avoir traversé une période très difficile. Agissez au plus vite pour réduire cette pression.
- *Au-delà de 300 points :* situation de stress important. Risque majeur de développer une maladie liée au stress dans les 2 prochaines années.

Mort du conjoint	100	Un fils/une fille quitte le foyer	29
Divorce	73	Différends avec les beaux-parents	29
Séparation des époux	65	Succès exceptionnel	28
Peine de prison	63	Nouvel emploi ou cessation de travail (pour une femme)	26
Mort d'un parent proche	63	Début ou fin des études	26
Blessure corporelle ou maladie	53	Modification des conditions de vie	25
Mariage	50	Changements d'habitudes	24
Licenciement	47	Différends avec l'employeur	23
Réconciliation entre époux	45	Changement d'horaires ou de conditions de travail	20
Départ en retraite	45	Changement de résidence	20
Détérioration de la santé d'un proche	44	Changement de lieu d'études	20
Grossesse	40	Changement de loisirs	19
Difficultés sexuelles	39	Changement dans les activités religieuses	19
Nouveau venu dans la famille	39	Changement dans les activités sociales	18
Changement dans l'univers de travail	39	Hypothèque ou prêt de moins de 30 000 €	17
Changement d'ordre financier	38	Changement dans les habitudes de sommeil	16
Mort d'un ami proche	37	Modification du nombre de réunions de famille	15
Changement de statut professionnel	36	Changement dans les habitudes alimentaires	15
Recrudescence des scènes de ménage	35	Vacances	13
Hypothèque de plus de 30 000 €	31	Noël	12
Saisie sur hypothèque ou sur prêt	30	Contraventions	11
Changement de responsabilité dans le travail	29		

AUTRE ÉCHELLE D'ÉVALUATION D'UNE VIE STRESSANTE				
	Jamais 0	Parfois 1	Souvent 2	Toujours 3
Cherchez-vous à accomplir le plus de choses possibles dans le moins de temps possible ?				
Délais et interruptions vous impatientent-ils ?				
Estimez-vous nécessaire de gagner pour éprouver du plaisir à jouer ?				
Appuyez-vous sur l'accélérateur avant même que le feu passe au vert ?				
Avez-vous peur de demander de l'aide ou d'exprimer ce dont vous avez besoin ?				
Recherchez-vous constamment le respect et l'admiration d'autrui ?				
Êtes-vous irrité de voir des gens travailler de façon inefficace ?				
Regardez-vous souvent votre montre ?				
Cherchez-vous constamment à améliorer votre position et vos réalisations ?				
Avez-vous tendance à vous engager dans de nombreuses actions à la fois, même si vous disposez de peu de temps ?				
Avez-vous l'habitude de faire plusieurs choses à la fois ?				
Êtes-vous souvent en colère ou irritable ?				
Ne vous retrouvez-vous jamais seul et tranquille pour une période assez longue ?				
Avez-vous tendance à vous exprimer rapidement et à accélérer les conversations ?				
Vous considérez-vous comme un fonceur ?				

	Jamais	Parfois	Souvent	Toujours
	0	1	2	3
Êtes-vous considéré comme un fonceur par votre entourage ?				
Êtes-vous engagé dans 36 projets ou activités différents à tout moment ?				
Y a-t-il beaucoup de délais à respecter dans votre travail ?				
Vous sentez-vous vaguement coupable si vous vous relaxez et si vous ne faites rien pendant votre temps de loisir ?				
Prenez-vous trop de responsabilités ?				
Total				

Interprétation des résultats

- *Moins de 30 points :* Votre vie n'est pas stressante.
- *De 30 à 50 points :* Prenez garde.
- *Plus de 50 points :* Votre vie est très stressante.

LE TABAC
ET AUTRES POLLUANTS

Nous avons abordé les méfaits du tabac sur la fonction thyroïdienne (voir p. 39). Le tabagisme, en effet, favoriserait l'apparition de goitres et de nodules thyroïdiens chez les femmes âgées.

Les principaux responsables des méfaits du tabac sont les thiocyanates. Leur effet antithyroïdien est accentué par une carence en iode. Les risques de développer une maladie de Basedow puis de récidiver sont décuplés chez les fumeurs. Ce n'est pas tout : dans la maladie de Basedow même, le risque d'atteinte ophtalmologique est lui aussi plus important pour le fumeur. Pis : le tabagisme réduit l'efficacité des traitements tels que la radiothérapie ou les traitements thérapeutiques à base de corticoïdes.

Les risques de développer la maladie de Hashimoto sont identiques, voire supérieurs pour les fumeuses.

En un mot comme en cent : l'arrêt du tabac est indispensable si vous êtes atteint d'une maladie thyroïdienne.

Il n'existe malheureusement pas de solution miracle pour arrêter de fumer. Ce qu'il faut avant tout, c'est

---

CRITÈRES DE DÉPENDANCE AU TABAC (DSM IV)

La dépendance est caractérisée par l'utilisation répétée et inadaptée d'une substance aboutissant à des perturbations importantes avec au moins 3 des anomalies suivantes, survenant dans une période de 12 mois. Il y a dépendance physique si les items 1 ou 2 sont présents.

1. Tolérance ; atténuation progressive des effets pour une même dose. Il est nécessaire d'augmenter les quantités absorbées pour obtenir les mêmes effets.

2. Existence d'un syndrome de sevrage.

3. La substance est consommée plus longtemps et en quantité plus importante que prévu.

4. Désir persistant d'arrêter, mais efforts inefficaces.

5. Un temps important est consacré pour se procurer la substance.

6. Des activités importantes, sociales ou de loisir, sont interrompues en raison de l'utilisation de la substance.

7. L'usage de la substance est poursuivi, malgré la connaissance des risques psychiques ou physiques qu'elle implique.

---

une bonne dose de volonté... et parfois quelques gommes à mâcher et autres patchs à base de nicotine.

Choisissez une date, de préférence au printemps, et dites-vous : « Le 1er avril, je cesse de fumer. » Et tenez bon : ce n'est pas une blague !

Pour estimer votre dépendance à la nicotine, faites le test ci-après ; entourez vos réponses et faites votre total, puis reportez-vous aux interprétations proposées.

Ne nous leurrons pas : arrêter de fumer, c'est dur, surtout la première semaine, puis le premier mois, puis la première année... puis la cinquième année ! Pour ne pas sombrer de nouveau, une seule solution : ne cédez jamais à la tentation de fumer ne serait-ce qu'une seule cigarette ! Trop souvent, après une semaine de sevrage, on se félicite et on s'autorise une petite bouffée... Mal vous en prendra : jamais une sans deux, ni deux sans trois... et en moins de temps qu'il n'en faut pour actionner un briquet, tous vos efforts seront anéantis.

TEST D'ÉVALUATION DE LA MOTIVATION (D'APRÈS RICHMOND)		
• Aimeriez-vous arrêter de fumer si vous pouviez le faire facilement ?	Non	0
	Oui	1
• Souhaitez-vous réellement cesser de fumer ?	Pas du tout	0
	Un peu	1
	Plutôt	2
	Beaucoup	3
• Pensez-vous réussir à cesser de fumer dans les 4 semaines à venir ?	Non	0
	Peut-être	1
	Sans doute	2
	Certainement	3
• Pensez-vous devenir un ex-fumeur avant 6 mois ?	Non	0
	Peut-être	1
	Sans doute	2
	Certainement	3
	Total :	

Interprétation des résultats
- *Plus de 8* : Bonne motivation.
- *De 6 à 8* : Motivation moyenne.
- *Moins de 6* : Motivation faible.

TEST DE DÉPENDANCE À LA NICOTINE (D'APRÈS FAGERSTRÖM)		
• Combien de temps après le réveil fumez-vous votre première cigarette ?	Moins de 5 mn	3
	6 à 30 mn	2
	31 à 60 mn	1
	Après 60 mn	0
• Éprouvez-vous des difficultés à ne pas fumer dans les endroits interdits ?	Oui	1
	Non	0
• Quelle cigarette vous paraît la plus indispensable ?	La première	1
	Les suivantes	0
• Combien de cigarettes fumez-vous par jour ?	10 ou moins	0
	11 à 20	1
	21 à 30	2
	31 ou plus	3
• Fumez-vous de façon plus rapprochée dans la 1re heure après le réveil que pendant le reste de la journée ?	Oui	1
	Non	0
• Fumez-vous même si une maladie vous oblige à rester au lit ?	Oui	1
	Non	0
	Total :	

Interprétation des résultats

- *De 0 à 2* : Pas de dépendance.
- *De 3 à 4* : Faible dépendance.
- *De 5 à 6* : Dépendance moyenne.
- *De 7 à 8* : Forte dépendance.
- *De 9 à 10* : Très forte dépendance.

Mieux vaut donc arrêter brutalement que progressivement. C'est plus dur, mais c'est plus efficace. Si vous redoutez de cesser de fumer sans aide, ne craignez pas de consulter un centre d'aide au sevrage tabagique. Ce fléau est une véritable drogue ; être secondé n'a rien de honteux. En outre, ces centres sont nombreux et efficaces.

ET LE POIDS ?

Ne tombez pas dans le piège des idées reçues du type : « Arrêter de fumer me fera grossir. » Si vous êtes prudent pendant le sevrage, la prise de poids sera modérée. Elle est la conséquence des modifications métaboliques engendrées par l'absence de nicotine : le rendement de votre alimentation est amélioré et vous risquez donc de grossir sans manger davantage. Mais cette situation ne dure pas. Tout rentrera progressivement dans l'ordre.

Sachez qu'un fumeur qui fume de 20 à 30 cigarettes par jour brûle en moyenne 300 calories de plus qu'un non-fumeur. Pour arrêter de fumer sans prendre trop de poids, il vous suffit de suivre quelques règles simples. Par exemple, évitez de grignoter entre les repas, surtout si vous avez le bec sucré ! Pensez à compenser le manque de tabac par une activité physique intense, du moins la plus intense possible, et surtout régulière. Au début, la marche suffit. Vous pourrez ensuite augmenter le rythme et l'intensité des séances… D'autant plus qu'en arrêtant de fumer vous retrouverez un souffle nouveau. Une marche rapide d'une heure brûle jusqu'à 300 calories !

LE SYNDROME DE SEVRAGE ET SES SYMPTÔMES	
Humeur triste, dépressive	Agitation
Insomnie	Troubles de la concentration
Irritabilité, colère	Augmentation de l'appétit
Anxiété	Ralentissement du pouls

Il n'existe malheureusement pas de méthode parfaite et universelle ou de formule magique permettant à tout coup d'arrêter de fumer. Méfiez-vous donc des méthodes « miracle » qui vous proposent d'arrêter de fumer moyennant des sommes parfois rondelettes.

Aucune méthode « traditionnelle » n'est réellement plus efficace qu'une autre. Ce qui compte avant tout, c'est la motivation, qu'il faut sans cesse renforcer. Et puis, vous n'êtes pas seul. Les traitements de substitution nicotinique, patch ou gomme à mâcher, rendent de grands services, surtout lorsque vous ressentez des symptômes de manque physique. Les médicaments à visée psychologique sont parfois nécessaires, essentiellement quand l'arrêt du tabac s'accompagne de troubles tels que l'anxiété, voire d'états dépressifs.

Enfin, ne négligez pas l'aide de votre entourage, tant familial que professionnel. Évitez de vous mettre dans des situations où vous aviez l'habitude d'allumer une cigarette : freinez votre consommation d'alcool et bannissez les repas trop longs et trop copieux. Si malgré tout la tentation est trop forte, quittez la table quelques instants, prenez l'air, buvez un ou plusieurs grands verres d'eau, mâchez du chewing-gum… mais ne cédez surtout pas !

LES AUTRES POLLUANTS

Si le tabac et la carence en iode demeurent les principaux responsables de l'apparition de goitres, les polluants ne sont pas en reste… Qu'ils soient contenus dans nos aliments, dans l'air ou dans l'eau, ils ont pour effet probable d'amplifier les conséquences d'un manque d'iode dans l'organisme.

Ces polluants, tels les hydrocarbures, ont été testés chez l'animal. Le résultat est sans équivoque : ils ont des effets délétères avérés. Chez l'homme, les données sont moins explicites, mais inutile de tenter le diable : mieux vaut rester prudent !

• *Les phénols,* polluants présents dans les eaux usées ou les crèmes antivariqueuses, ont des propriétés antithyroïdiennes et goitrigènes.

• *Les dérivés du dinitrophénol,* qui entrent dans la composition d'herbicides, d'insecticides, d'antifongiques et utilisés dans la teinturerie industrielle, interfèrent également avec la fonction thyroïdienne, sans que leur impact soit totalement établi.

• Les autres polluants, *pyridines, esters de phtalates et autres DDT,* ont des effets néfastes potentiels et probables chez les personnes sensibles.

LES MÉDICAMENTS

L'hypothyroïdie, nous l'avons vu, requiert un traitement définitif et quotidien. N'oubliez donc pas vos
pilules quand vous partez en vacances ou en week-end.
C'est pourtant ce qui est arrivé à Mme Z., dont l'hypothyroïdie n'était pas bien compensée.

« Vous n'oubliez pas vos médicaments, au moins ?

— Aaaah… docteur, je les prends tous les jours ! Mais
c'est vrai que, lorsque je pars en week-end, il m'arrive
de les oublier à la maison.

— Et… vous partez souvent en week-end ?

— Oh, oui… toutes les semaines ! »

Dans le traitement de l'hyperthyroïdie, la prise régulière des médicaments conditionne le succès
thérapeutique. Certes, la guérison n'est pas systématique, mais si vous vous conformez mal à la posologie,
vous n'aurez vraiment aucune chance de guérir.
D'ailleurs, si la prise des médications n'est pas correcte,
compte tenu de la gravité de la maladie, il vaudra peut-
être mieux prévoir sans tarder un autre mode de
traitement.

ET LES AUTRES MÉDICAMENTS ?

Ceux qui permettent d'être moins sensible au stress peuvent avoir leur utilité. C'est là une question personnelle à décider au cas par cas.

Cependant, pour soigner les maladies thyroïdiennes, les médications allopathiques sont reines. On peut le regretter. Si l'homéopathie propose quelques traitements fabriqués à partir d'extraits thyroïdiens, certains prescripteurs estiment que les médicaments sont difficiles à manier et peuvent provoquer les effets inverses de ceux recherchés. Si vous confiez votre thyroïde à un médecin homéopathe, assurez-vous qu'il connaît parfaitement ce type de maladies.

La phytothérapie, quant à elle, dispose de plantes riches en iode. Ce peut être une piste intéressante...

LA CHIRURGIE

Elle garde toute sa place dans le traitement de nombreuses maladies thyroïdiennes. Mais, grands dieux, pitié pour les nodules ! On ne le répétera sans doute jamais assez : l'ablation d'un nodule ne règle aucunement la cause de son apparition. Si l'examen cytologique révèle un nodule bénin de faible volume (c'est-à-dire d'un diamètre maximum inférieur à 3,5 cm), pourquoi l'enlever ?

La probabilité la plus élevée qu'un nodule isolé, sans goitre ni dysthyroïdie, soit cancéreux n'est que de 10 % s'il est froid à la scintigraphie. Ce qui laisse tout de même 90 % de chance pour qu'il ne s'agisse pas d'un cancer !

Si le nodule régresse, voire disparaît avec ou même sans traitement d'ailleurs, vous aurez évité une intervention chirurgicale.

Si, au contraire, avec ou sans traitement, le nodule grossit, il sera toujours temps de vous faire opérer.

Si enfin, par la plus grande des malchances, le nodule se révèle cancéreux, les chances de guérison n'en seront pas diminuées.

Ne choisissez d'être opéré que si cela est considéré comme nécessaire, ou que si, anxieux par nature, vous ne supportez pas l'idée de garder une boule dans le cou. Après l'opération, faites-vous surveiller et ne pensez pas que la chirurgie a tout résolu.

À l'inverse, ne vous entêtez pas à refuser l'intervention si elle vous est conseillée. Si le goitre est très volumineux et compressif, si les nodules sont trop gros et continuent de grossir, l'intervention vous apportera un réel soulagement !

LA GROSSESSE :
UN CAS PARTICULIER

Les relations entre thyroïde et grossesse sont multiples. Les dérèglements thyroïdiens peuvent se démasquer pendant la grossesse ou la précéder.

Souvent, les femmes en hyperthyroïdie ou en hypothyroïdie ont une fertilité réduite. Si la mise en route d'une grossesse est difficile pour vous, pensez à rechercher une anomalie thyroïdienne…

Mais la grossesse a également des répercussions sur la fonction thyroïdienne.

Pendant la grossesse, les besoins en hormones thyroïdiennes augmentent. Si la glande est saine et les conditions d'environnement satisfaisantes, l'adaptation se fera normalement. Dans le cas contraire, vous risquez de voir apparaître diverses pathologies.

Autre particularité : pendant la grossesse, la thyroïde fœtale n'est pas immédiatement active, mais les hormones thyroïdiennes sont nécessaires au bon développement de l'embryon. C'est donc la mère qui subviendra aux besoins du fœtus.

Chez le fœtus humain, la constitution « anatomique » de l'hypothalamus, de l'hypophyse et de la thyroïde est achevée dès la 12e semaine de gestation. Cependant, la fonction de ces trois organes n'est pas immédiate et leur maturation se poursuivra jusqu'à la période néonatale, c'est-à-dire 1 mois environ après la naissance.

La TRH, d'origine hypothalamique, est décelée entre la 10e et la 14e semaine de gestation. La TSH, quant à elle, est mesurable entre la 10e et la 17e semaine. Enfin, la T4 est à peine détectable à partir de la 18e semaine, pour augmenter par la suite et atteindre un plateau vers la 34e semaine de gestation.

Avant la 18e semaine de gestation, et même un peu après, les besoins en hormones thyroïdiennes du fœtus sont donc assurés par la mère.

Ainsi, toute hyperthyroïdie ou hypothyroïdie mal compensée au début de la grossesse peut avoir des conséquences. Par exemple, un enfant ayant pâti d'une carence fœtale en hormones thyroïdiennes aura un cerveau un peu plus léger. Mais rassurez-vous, ces situations restent exceptionnelles et le dépistage de tout dérèglement thyroïdien permettra d'y remédier sans faille.

LE RISQUE D'HYPERTHYROÏDIE

Certaines hormones, telle la HCG, sécrétée essentiellement au cours du 1er trimestre de la grossesse, stimulent la thyroïde. Le taux de TSH peut alors s'abaisser au-dessous des valeurs normales. Parfois, le processus se poursuit et les hormones thyroïdiennes proprement dites s'élèvent au-dessus du seuil de la normale. Jusqu'à 2,5 % des femmes enceintes connaîtraient ce processus.

Dans la plupart des cas, ces anomalies biologiques disparaissent spontanément après le 1er trimestre.

La distinction de cette forme particulière d'hyperthyroïdie transitoire et l'existence d'une véritable maladie de Basedow développée au cours de la grossesse se fera par le dosage des anticorps antirécepteurs de la TSH : absents dans le premier cas, présents à des titres élevés dans le second.

Une véritable hyperthyroïdie est rare au cours de la grossesse. Elle affecterait environ 0,1 % des femmes enceintes. Signalons tout de même les quelques particularités de ce cas.

Il faut tout d'abord savoir qu'en dehors des dosages sanguins et de l'échographie, il est impossible de réaliser une scintigraphie thyroïdienne.

Le traitement aura pour tâche de régulariser l'hyperthyroïdie sans pour autant nuire au fœtus. Les ATS sont les seuls médicaments utilisés, mais ils traversent la barrière placentaire et risquent de bloquer le fonctionnement de la thyroïde fœtale. Si, par exemple, on réduit trop le taux de T4 chez la mère, on entraîne une hypothyroïdie modérée mais certaine chez l'enfant. Il convient donc d'agir avec la plus grande prudence.

Par habitude, la prescription de PTU emporte la préférence. Il semble mieux stoppé par la barrière placentaire. On cherchera à donner la plus petite dose nécessaire pour maintenir le taux de T4 libre à un niveau légèrement supérieur à la normale.

Les anticorps, qui traversent également la barrière placentaire, peuvent aussi dérégler la thyroïde fœtale et – quoique rarement – compromettre la viabilité. Une surveillance du fœtus pendant la grossesse est réalisable, en particulier grâce à l'échographie thyroïdienne pratiquée par des mains habiles. Une tachycardie et/ou un retard de croissance pourront faire craindre une hyperthyroïdie fœtale et conduire au renforcement du traitement par PTU chez la mère. Au contraire, l'apparition d'un goitre et un rythme cardiaque inférieur à 120 pulsations par minute font suspecter une hypothyroïdie fœtale. Il faudra alors réduire la posologie du PTU, voire ajouter de faibles doses de Lévothyroxine pour amener le taux de T4 libre au niveau normal d'origine.

Rappelons-le : l'hyperthyroïdie néonatale est rare. Elle concerne 1 grossesse sur 2 500. Elle est due essentiellement au passage transplacentaire des anticorps antirécepteurs de la TSH. Elle s'éteint spontanément en quelques jours ou quelques semaines. Dans certains cas, l'hyperthyroïdie persiste au-delà des 4 à 8 semaines habituelles. La surveillance doit donc être rapprochée.

LE RISQUE D'HYPOTHYROÏDIE

Une hypothyroïdie est possible pendant la grossesse par suite de modification de l'auto-immunité thyroïdienne.

Si l'hypothyroïdie est connue avant la grossesse, il est nécessaire de surveiller la TSH chez la mère. On sait qu'une augmentation des doses de substitution hormonale est habituelle, dans des proportions variant de 10 à 100 % par rapport à la dose prise avant la grossesse.

Un parfait équilibre thyroïdien est souhaitable au début de la grossesse pour que la mère puisse parfaitement couvrir tous les besoins du fœtus. Si tel n'est pas le cas, il existe un risque de mauvais développement cérébral et neurologique du bébé.

Une hypothyroïdie peut apparaître au cours de la grossesse dans environ 2,5 % des cas. Compte tenu des risques potentiels sur le développement fœtal, certains préconisent le dépistage systématique de toute hypothyroïdie, même infraclinique, chez la mère, ainsi que sa compensation si la maladie est dépistée, bien entendu. Un dosage de TSH entre la 8e et la 10e semaine est habituellement suffisant.

L'hypothyroïdie débutant pendant une grossesse s'accompagne habituellement d'un goitre. Il régressera le plus souvent, mais parfois de façon partielle dans 10 % des cas.

À noter que le risque de fausse couche est de 2 à 4 fois supérieur chez les femmes hypothyroïdiennes que chez les autres, surtout si la compensation hormonale n'est pas correcte au moment de la conception.

LA THYROÏDITE DU POST-PARTUM

La thyroïdite du post-partum s'explique par le sursaut immunitaire qui suit l'accouchement. Au cours du 6e mois après l'accouchement, une stimulation de la production d'anticorps antithyroïdiens peut se produire. Ces anticorps peuvent provoquer soit des maladies de Basedow (si ce sont des anticorps stimulant la thyroïde), soit des hypothyroïdies (si ce sont des anticorps bloquant la thyroïde). La production des anticorps, très aléatoire, peut entraîner une succession d'états thyroïdiens dans un ordre imprévisible.

La caractéristique essentielle de ces thyroïdites du postpartum est leur régression spontanée dans plus de 90 % des cas, généralement en 4 à 6 mois. On peut ainsi être amené à vous prescrire temporairement des traitements sur une courte période. Il sera cependant nécessaire de vous soumettre à un contrôle précis de la fonction thyroïdienne et à un dosage des anticorps antithyroïdiens un an après la période de dérèglement.

Ainsi, la pathologie thyroïdienne au cours de la grossesse est beaucoup plus fréquente qu'on ne l'imagine. Mais inutile de s'alarmer : le dépistage des dérèglements est simple et leur traitement très efficace. La supplémentation en iode prend toute son importance chez la femme enceinte, toute carence pouvant avoir des effets néfastes tant pour la grossesse que pour le fœtus.

EN GUISE DE CONCLUSION

Si vous avez lu ce livre de A à Z, vous savez à peu près tout – ou du moins l'essentiel – sur l'état actuel des connaissances sur la thyroïde et ses dérèglements.

Retenez surtout que, si les maladies thyroïdiennes sont de plus en plus fréquentes, les examens de dépistage sont simples, fiables et indolores. Retenez aussi que les traitements sont très efficaces, même pour les pathologies les plus graves, tels les cancers thyroïdiens.

Pensez aussi à ménager votre glande en privilégiant une meilleure alimentation, suffisamment riche en iode, en diminuant les sources de stress et en bannissant les toxiques tels que la cigarette. Vous connaissez la chanson : mieux vaut prévenir que guérir !

Soignez régulièrement votre thyroïde si elle en a besoin. Elle se portera mieux, et vous aussi ! Et vous vivrez sans même y penser.

ANNEXES

LE SYNDROME DE RÉSISTANCE
AUX HORMONES THYROÏDIENNES

Ce syndrome a été décrit pour la première fois en 1967. Une famille présentait des taux sanguins hormonaux élevés, mais sans hyperthyroïdie. La résistance des tissus cibles aux hormones thyroïdiennes fut alors évoquée.

Quelque 200 cas sont aujourd'hui répertoriés, c'est dire la rareté de cette affection !

En fait, les études menées ont permis de reconnaître différents types de résistances, qui sont d'ailleurs toutes partielles.

Dans la majorité des cas, la résistance est généralisée, c'est-à-dire qu'elle affecte l'hypophyse et les tissus périphériques.

Dans certains cas, la résistance hypophysaire aux hormones thyroïdiennes est responsable d'une augmentation de la sécrétion de TSH qui stimule la thyroïde, provoque un goitre et une élévation des hormones périphériques, T3 et T4. Ces dernières, cependant, n'exercent que peu d'effets sur les tissus qui sont eux-mêmes résistants.

Parfois, seule l'hypophyse est insensible aux hormones thyroïdiennes. Ainsi, la sécrétion exagérée de TSH est responsable d'une hyperhormonémie thyroïdienne avec des manifestations cliniques d'hyperthyroïdie.

Enfin – situation exceptionnelle –, la résistance aux hormones thyroïdiennes peut être uniquement périphérique. L'apparence est celle d'une hypothyroïdie, mais, la résistance périphérique ne touchant pas l'hypophyse, cette dernière ne sécrète que de faibles quantités de TSH en raison d'un taux circulant d'hormones thyroïdiennes normal.

Ces anomalies sont dues à des mutations des récepteurs aux hormones thyroïdiennes qui ne reconnaissent plus la T3.

S'il convient de respecter les situations où l'équilibre clinique reste normal, les autres cas doivent être pris en charge de façon spécifique.

SYNDROMES DE RÉSISTANCE AUX HORMONES THYROÏDIENNES			
	Résistance généralisée	**Résistance hypophysaire**	**Résistance périphérique**
TSH	Augmentée	Augmentée	Normale
THYROÏDE	Goitre	Goitre	Normale
T3 – T4	Augmentées	Augmentées	Normales
CLINIQUE	Euthyroïdie	Hyperthyroïdie	Hypothyroïdie

L'HYPOTHYROÏDIE NÉONATALE

Cette affection redoutable a régressé depuis son dépistage systématique dès les premiers jours de la vie.

Le prélèvement d'une simple goutte de sang suffit à doser la TSH. Malheureusement, cet examen n'est pas systématiquement pratiqué dans tous les pays, ce qui entraîne quelques cas dramatiques.

Les symptômes qui doivent faire penser à une hypothyroïdie néonatale s'accentuent progressivement avec le temps. Dès la naissance, le nouveau-né est en hypothermie et doit être couvert ; sa peau est froide au toucher. Il souffre de difficultés respiratoires, surtout s'il présente un goitre volumineux (en dehors de cette circonstance, c'est beaucoup plus rare).

La prise des repas est longue et difficile ; l'enfant s'endort et continue à dormir à l'heure habituelle des tétées. Il est constipé et n'évacue que quelques billes dures. Enfin, son éveil est lent ; il s'intéresse peu à son entourage.

Le cri de ces enfants est caractéristique : il est précédé d'une grimace, puis survient, rauque et bref, avec un certain retard.

Les cheveux, abondants, grossiers, sont secs.

Plus tard, l'hypotonie, difficile à constater dans les premiers jours de vie, se manifestera par une tête qui peine à se maintenir et ballotte sur la nuque. Le bébé ne gesticulera que très peu.

Le traitement devra être le plus précoce possible pour éviter de trop lourdes séquelles, en particulier sur le plan cérébral. Autrefois, si la maladie n'était pas dépistée avant le 3e mois, une dégradation intellectuelle était à craindre. Aujourd'hui, les retentissements intellectuels sont considérés comme nuls et le cursus scolaire est identique à celui des autres enfants.

LES DÉRÈGLEMENTS THYROÏDIENS
CHEZ LES PERSONNES ÂGÉES

Comme tous les autres organes, la glande thyroïde vieillit. Ce vieillissement touche à la fois l'aspect glandulaire et sa fonction.

Une glande thyroïde qui vieillit se charge de nodules. La « nodularité » atteint presque 100 % au-delà de 90 ans. En revanche, la forme de la glande et sa taille ne changent pas.

Le vieillissement s'accompagne de modifications du métabolisme de l'iode, responsable d'une accumulation relative, essentiellement chez la femme.

Au plan thyroïdien, la synthèse des hormones s'altère. La diminution de la thyroxinémie est cependant inconstante, plus fréquente chez l'homme que chez la femme. Cette réduction peut atteindre 50 % des taux normaux au-delà de 90 ans. On observe également une réduction des taux sanguins de T3, en partie liée à des troubles de la conversion périphérique de T4 en T3.

Cependant, certains dérèglements thyroïdiens peuvent s'observer chez les personnes âgées.

• *Les hyperthyroïdies :* elles revêtent souvent des aspects atypiques qui rendent le diagnostic difficile. Elles sont cependant rares, leur prévalence est d'environ 2 %. L'amaigrissement en est le signe le plus fréquent et s'accompagne volontiers d'anorexie, ce qui fera souvent craindre un cancer. La plupart du temps, la cause de ces hyperthyroïdies est un goitre nodulaire dont la fonction s'altère : la glande fabrique plus d'hormones qu'il convient. Le traitement fera appel à l'iode radioactif qui bloquera à terme l'excès hormonal.

• *Les hypothyroïdies :* elles ne sont pas impossibles. Là encore, les manifestations cliniques sont pauvres. Le diagnostic est simple à établir : un dosage de la TSH plasmatique suffit. Encore faut-il y penser ! En effet, les manifestations psychiques sont au premier plan : troubles de la mémoire, états dépressifs et autres troubles neurosensoriels. Comment ne pas penser à d'autres maladies beaucoup plus « à la mode » ?

LES INTERACTIONS MÉDICAMENTEUSES
SUR LA FONCTION THYROÏDIENNE

De nombreux médicaments interfèrent avec l'activité de l'axe hypophyse-thyroïde.

a) Certaines thérapeutiques (hormones thyroïdiennes, androgènes, glucocorticoïdes, somatostatine, dopamine, inhibiteurs calciques) interviennent sur la fonction hypophysaire dans son secteur qui commande la glande thyroïde et peuvent freiner l'axe ; d'autres (œstrogènes, amphétamines, amiodarone) peuvent au contraire le stimuler.

b) Des médicaments peuvent agir directement sur la fonction thyroïdienne, soit en la freinant (sulfamides, lithium, iode), soit en la stimulant (lithium, iode).

c) Des thérapeutiques peuvent interférer avec les protéines de transport, soit en les augmentant (œstrogènes, clofibrate, héroïne), soit en les diminuant (androgènes, glucocorticoïdes, asparaginase). D'autres (salicylates, anti-inflammatoires, furosémide à forte dose, mitotane et héparine) peuvent entrer en compétition avec les hormones thyroïdiennes sur la fixation aux protéines de transport.

d) Certains médicaments (cholestyramine, hydroxyde d'alumine, sulfates ferreux), enfin, réduisent l'absorption intestinale des hormones thyroïdiennes.

En cas de perturbation de la fonction thyroïdienne sans cause évidente, demandez à votre médecin s'il a recherché les interférences avec d'autres médicaments et pensez à lui indiquer tous les médicaments que vous prenez, même la pilule contraceptive !

MAIGRIR
PAR LES HORMONES THYROÏDIENNES ?

Il fut un temps où la prescription d'hormones thyroïdiennes pour maigrir était fréquente. Cette époque est fort heureusement révolue. On sait désormais que les hormones thyroïdiennes ne font pas perdre de la graisse, mais du muscle et de l'eau. Dès que vous les arrêterez, vous reprendrez tous les kilos perdus. En outre, il existe une accoutumance à ces médicaments : pour obtenir un effet identique, vous êtes obligé d'augmenter les doses. C'est alors qu'apparaissent les effets secondaires : palpitations, troubles de l'humeur, troubles du sommeil… Votre entourage ne manquera pas de vous le faire remarquer.

Plus pernicieuse est la prescription de dérivés des hormones thyroïdiennes telles que le TRIAC (acide triiodothyroacétique), un métabolite physiologique de la T3 qui agirait préférentiellement sur l'hypophyse pour freiner la sécrétion de TSH, tout en ayant des effets périphériques moindres que ceux de la T3. Toutefois, chez certaines personnes « sensibles », la glande thyroïde, insuffisamment stimulée par l'effet inhibiteur de cette molécule sur l'hypophyse, développe une magnifique hypothyroïdie, avec tout son cortège de « mal-être » et de prise de poids !

GLOSSAIRE

ADÉNOME (colloïde, kystique, polymorphe) : lésion nodulaire bénigne de la glande thyroïde.

ANTICORPS : substance produite par le système immunitaire dans le but de défendre l'organisme contre des protéines « étrangères » (antigènes).

AUTOANTICORPS : anticorps produits contre les propres constituants de l'organisme (anticorps antithyroglobuline, anticorps anti-TPO, anticorps antirécepteur de la TSH).

BASEDOW (maladie de) : hyperthyroïdie par hyperfonctionnement thyroïdien.

CALCITONINE (ou thyrocalcitonine) : hormone produite par des cellules particulières de la glande thyroïde (cellules « C ») intervenant dans la régulation du métabolisme calcique.

CANCER MÉDULLAIRE THYROÏDIEN : cancer développé à partir des cellules C thyroïdiennes.

CANCER PAPILLAIRE : cancer développé à partir des cellules des vésicules thyroïdiennes.

CYTOPONCTION À L'AIGUILLE FINE : examen consistant à prélever, à l'aide d'une petite aiguille, des cellules thyroïdiennes aux fins d'analyses.

CYTOPONCTION ÉCHOGUIDÉE : technique de prélèvement de cellules thyroïdiennes grâce à une aiguille fine guidée au cours d'un examen échographique.

DE QUERVAIN (thyroïdite de) : inflammation de la glande thyroïde responsable de douleurs et d'hyperthyroïdie initiale.

ÉCHOGRAPHIE : examen radiologique permettant d'étudier la morphologie de la glande thyroïde. Contrairement à la scintigraphie, elle ne donne aucun renseignement sur l'activité de la glande thyroïde.

EXOPHTALMIE : saillie des yeux hors de l'orbite.

GOITRE : augmentation de volume du corps thyroïdien.

GOITRE NODULAIRE (ou multinodulaire) : goitre porteur de nodules.

GOITRIGÈNE : qui favorise l'apparition d'un goitre.

HASHIMOTO (maladie de) : hypothyroïdie ; fonctionnement insuffisant de la glande thyroïde.

HORMONE : substance chimique, fabriquée par un organe particulier et transportée par le sang, qui exerce son activité à distance sur des tissus spécifiques (les tissus cibles).

HYPERTHYROÏDIE : excès d'hormones thyroïdiennes.

HYPOTHYROÏDIE : insuffisance d'hormones thyroïdiennes.

IODE : oligoélément entrant dans la fabrication des hormones thyroïdiennes.

IODE RADIOACTIF : isotope de l'iode stable permettant de réaliser des scintigraphies thyroïdiennes ou des traitements thyroïdiens.

IRATHÉRAPIE : utilisation de l'iode radioactif en traitement (par exemple, pour le traitement d'une hyperthyroïdie).

KYSTE : lésion bénigne de la glande thyroïde qui apparaît liquidienne en échographie.

LOBECTOMIE : ablation chirurgicale d'un lobe thyroïdien.

NODULE CHAUD : nodule qui fixe l'iode radioactif lors de la scintigraphie

NODULE FROID : nodule qui ne fixe pas l'iode radioactif lors de la scintigraphie (et présente l'apparence d'un « trou » de fixation).

NODULE THYROÏDIEN : sorte de « boule » qui se forme dans la glande thyroïde.

RÉCEPTEUR HORMONAL : structure cellulaire spécifique sur laquelle doit se fixer une hormone, spécifique de son récepteur pour déclencher l'activité hormonale.

SCINTIGRAPHIE THYROÏDIENNE : examen radiologique permettant d'étudier le fonctionnement de la glande thyroïde. Contrairement à l'échographie, elle donne de mauvais renseignements anatomiques.

TBG (*Thyroxin Binding Globulin*) : protéine de transport des hormones thyroïdiennes.

TECHNÉTIUM : traceur radioactif parfois utilisé pour réaliser des scintigraphies thyroïdiennes.

Test au TRH sur la TSH : examen sanguin consistant à injecter l'hormone hypothalamique (TRH) pour étudier la réserve hypophysaire en TSH. Ce test, rarement réalisé, permet de dépister des hypothyroïdies, mais surtout d'étudier l'activité de la glande hypophyse dans certaines situations.

THYROGLOBULINE : protéine sécrétée par la glande thyroïde qui sert de protéine de stockage des hormones thyroïdiennes.

THYROÏDECTOMIE : ablation chirurgicale partielle ou totale du corps thyroïdien.

THYROÏDITE : inflammation de la glande thyroïde (sans préjuger de la cause).

THYROÏDITE DU POST-PARTUM : inflammation transitoire du corps thyroïdien après la grossesse, en général spontanément résolutive.

THYROTOXICOSE AIGUË : hyperthyroïdie grave et intense.

THYROXINE (T4) : hormone produite par la glande thyroïde.

TRH (*Thyrotropin Releasing Hormone*) : hormone sécrétée par l'hypothalamus qui active la sécrétion de TSH par la glande hypophyse.

TRIIODOTHYRONINE : hormone produite par la glande thyroïde.

TSH (*Thyroid Stimulating Hormone*) : hormone sécrétée par l'hypophyse qui active la sécrétion des hormones thyroïdiennes par la glande thyroïde.

UI : unité internationale.

VS : vitesse de sédimentation globulaire.

TABLE DES MATIÈRES

Avant-propos 7

PREMIÈRE PARTIE
À la découverte de la glande thyroïde

Qu'est-ce que la thyroïde ? 11

Une glande mal connue 14

Les métabolismes *16*

Les organes concernés *19*

Une glande sujette aux dérèglements 20

Votre mère avait-elle un goitre ? *20*

Tchernobyl aux frontières... . . . . *20*

L'iode et la thyroïde 28

Les carences en iode *28*

Les troubles dus à la carence en iode *32*

Les surcharges en iode *33*

Les ennemis de la thyroïde 37

Le stress *37*

Le tabac *39*

Les médicaments susceptibles de dérégler
la glande thyroïde 40

L'amiodarone *40*

Les œstrogènes *41*

Les glucocorticoïdes *41*

L'interféron *42*

DEUXIÈME PARTIE

Quand la thyroïde va mal

Goitre, kystes, nodules : ces grosseurs qui
font peur 45

Le goitre *45*

Les nodules et les kystes *47*

Quels examens pratiquer ? *49*

La question du cancer thyroïdien 56

Si le nodule n'est pas a priori *cancéreux* *56*

Si le nodule paraît cancéreux *60*

Le traitement postchirurgical par l'iode radioactif ... *66*

Le traitement hormonal *67*

Autres traitements des cancers thyroïdiens *68*

Surveillance des cancers thyroïdiens *68*

Le pronostic des cancers de la thyroïde *70*

Les dérèglements de la fonction thyroïdienne 74

L'hyperthyroïdie 76

Le traitement de l'hyperthyroïdie *88*

- Les médicaments 88

- Les autres médicaments 91

- La chirurgie 92

- Le traitement par iode radioactif 93

Quelles indications thérapeutiques ? *94*

L'hypothyroïdie 97
   Les causes de l'hypothyroïdie *107*
   Le traitement de l'hypothyroïdie *109*
Vous avez dit thyroïdite ? 114
   La thyroïdite de De Quervain *114*
   La thyroïdite de Hashimoto *116*

TROISIÈME PARTIE

C'est grave, docteur ?
Tous les examens pour faire le point

Quels examens pour quels symptômes ? 123
Les dosages sanguins 124
   Les tests d'orientation *124*
   Le dosage des hormones *124*
   Les anticorps antithyroïdiens *126*
   Les autres dosages sanguins *128*
Les examens radiologiques 131
   La scintigraphie thyroïdienne *131*
   L'échographie thyroïdienne *134*
   Scanner et IRM *137*
La cytoponction thyroïdienne 138

QUATRIÈME PARTIE

Soigner et protéger sa glande thyroïde

L'alimentation 143
   Aliments déconseillés *144*
La gestion du stress 146
Le tabac et autres polluants 152

Et le poids ? *156*
Les autres polluants *158*
Les médicaments 159
La chirurgie 161
La grossesse : un cas particulier 163
Le risque d'hyperthyroïdie *164*
Le risque d'hypothyroïdie *166*
La thyroïdite du post-partum *167*

En guise de conclusion 169

ANNEXES

- Le syndrome de résistance aux hormones
  thyroïdiennes 171
- L'hypothyroïdie néonatale 173
- Les dérèglements thyroïdiens
  chez les personnes âgées 175
- Les interactions médicamenteuses
  sur la fonction thyroïdienne 177
- Maigrir par les hormones thyroïdiennes ? 179

Glossaire 181

2903

IMPRIMÉ EN FRANCE PAR BRODARD ET TAUPIN
27486- La Flèche (Sarthe), le 21-01-2005

pour le compte des
Nouvelles Éditions Marabout
D.L. n° 54615 - janvier 2005
ISBN : 2-501-043235
40.9277.1/01